AF330301

LES
GRENADIERS FRANÇAIS

ou

LES SOLDATS IMMORTELS.

Cinq exemplaires ont été déposés, confor-
mément à la loi.

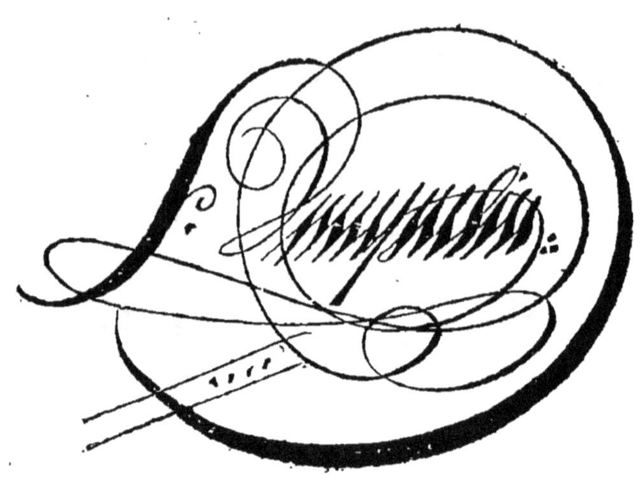

DE L'IMPRIMERIE DE POULET,
QUAI DES AUGUSTINS, N°. 9.

Si vous ne déposez les armes, si vous faites un pas en avant, votre Commandant est mort

LES GRENADIERS FRANÇAIS

OU

LES SOLDATS IMMORTELS.

RECUEIL DES FAITS HÉROÏQUES ET ACTIONS MÉMORABLES ;

PRÉCÉDÉ D'UNE NOTICE

SUR

LA TOUR D'AUVERGNE,

PREMIER GRENADIER DE FRANCE.

PAR P. C., AUTEUR DES INVINCIBLES.

> Si le dieu Mars se choisissait des gardes du corps
> il les tirerait des Grenadiers français.
> FRÉDÉRIC-LE-GRAND.

TROISIÈME ÉDITION.

PARIS,

A LA LIBRAIRIE DE H. VAUQUELIN,

QUAI DES AUGUSTINS, N° 11.

1821.

AVANT-PROPOS.

En réunissant un grand nombre d'actions éclatantes de nos grena-diers, c'est un nouvel hommage que nous rendons à la valeur française, que l'Europe admire et qu'aucune nation n'oserait contester.

Loin de nous l'idée de faire croire à nos lecteurs que cette valeur incom-parable n'est le partage que des seuls grenadiers, puisqu'elle s'est fait re-marquer au même degré parmi les soldats de toute arme , parmi des conscrits même arrivés à leurs corps depuis quelques jours ; ce qui prouve

qu'elle est innée au cœur de notre nation, et qu'il suffit d'être Français
pour mériter le nom de Brave (1).
Mais les grenadiers étant, par la nature de leur service, destinés à marcher les premiers dans les occasions
les plus périlleuses, ce sont leurs actions que nous rapporterons maintenant de préférence, ainsi que celles
des canonniers que l'on peut raison-
nablement leur assimiler, puisqu'ils
ont aussi l'honneur de porter la grenade, et qu'indépendamment de leur
valeur, ils sont aujourd'hui, dans

---

(1) Quelques faits généraux, tels que le *bombardement de Lille*, le *dévouement héroïque du Vengeur*, le *passage du Mont-Saint-Bernard*, suffiront,
entre mille, pour payer le tribut d'éloges que l'on
doit à tous les Français.

l'art de diriger la foudre, les premiers de l'Europe.

L'institution des grenadiers n'étant pas très-ancienne, nous ne parlerons que généralement de ceux qui ont précédé la révolution; mais nous dirons, pour être justes, que le corps connu sous le nom de *grenadiers de France*, parce qu'il était tiré de tous les corps de milice, s'acquit pendant les campagnes qui eurent lieu sous le règne de Louis XV, une réputation de bravoure qu'il serait difficile, pour ne pas dire impossible, de surpasser; et, sans nous amuser à récapituler ses hauts faits, nous nous contenterons de citer le jugement qu'en a porté *le grand Frédéric*, assez connaisseur dans cette partie pour que personne ne fût tenté de le récuser : « *Si le dieu Mars*, disait ce héros, *se choisissait des Gardes du corps, il les tirerait des grenadiers français.* » Dix volumes d'actions héroïques, mis sous les yeux de nos lecteurs, ne vaudraient pas cet éloge fait en quelques mots par le premier capitaine de ce siècle : revenons donc à ceux que nous avons vus s'immortaliser de nos jours.

Honneur ! trois fois honneur aux héros de *Fleurus*, d'*Arcole*, des *Pyramides*, de *Memphis* ! Ces guerriers qui, après avoir cueilli les palmes du *Nil*, ont vu les lauriers de *Marengo*, d'*Iéna*, d'*Austerlitz*, de *Friedlan*, de *Wagram* et de la *Moskowa*, ombrager leur tête ; vainqueurs sur tous les points du globe, se reposant enfin sous l'olivier de la paix , ces braves vont apprendre à la postérité que si , sur les champs de bataille , ils ont vu sans frémir couler le sang des hommes , leurs cœurs n'étaient pas pour cela fermés aux douces affections de la nature. Déjà l'existence de la plupart d'entre eux est consacrée au bonheur de l'humanité ; engagés dans les liens sacrés de l'hymen , le nouveau genre de vie qu'ils embrassent , leurs occupations agricoles en sont le meilleur garant. Déjà la houe , le soc et la bêche , ont remplacé le mousquet , la lance et le sabre. Ceux qui portaient partout la dévastation et la mort , verront sortir des sillons fertilisés par eux l'abondance et la vie.

Ces braves éleveront leurs enfans

x

dans les véritables sentimens de l'honneur, noble émanation de l'amour de la patrie ; et ceux-ci, électrisés au récit des exploits de leurs pères, fiers d'être les rejetons de tant de gloire, béniront la France, et jureront de mourir, s'il le faut, pour son indépendance et pour son bonheur.

PIERRE COLAÜ.

LES
GRENADIERS FRANÇAIS

ou

LES SOLDATS IMMORTELS.

CRÉATION DES GRENADIERS.

Avant d'offrir à l'admiration publique les faits mémorables des grenadiers, il est sans doute nécessaire de faire connaître l'institution de cette arme : nous citerons à cet effet quelques passages tirés de *l'Encyclopédie*, du *Dictionnaire des sciences*, et des notes savantes de l'auteur des *Contes militaires*, qui s'exprime à peu près ainsi :

Un *grenadier* est un soldat d'élite, l'exemple et l'honneur de l'infanterie. La création des grenadiers dans l'infanterie française ne remonte qu'à l'année 1667. L'objet de leur institution était de se porter en avant pour escarmoucher, et jeter des grenades parmi les troupes ennemies, afin d'y mettre le désordre au commencement d'une action. La *grenade* est une petite bombe de même diamètre ou calibre qu'un boulet de quatre livres, laquelle pèse environ deux livres, et qui est chargée de quatre ou cinq onces de poudre. Les grandes se jettent avec la main par les soldats nommés à cet effet *grenadiers*. Elles ont une lumière comme la bombe et une fusée de même composition. Le soldat met avec une mèche le feu à la fusée et jette la grenade dans le lieu qui lui est indiqué. Le feu prenant à la poudre de la grenade, son effort la brise et la rompt en éclats qui tuent ou estropient ceux qu'ils atteignent. Le soldat ne peut guère jeter de grenades qu'à la distance de quinze ou seize toises au plus. Il y a d'autres grenades qui ne se jettent point à la main, mais qui se roulent dans les fossés ou autres endroits où l'on veut en faire usage. Ce sont proprement des espèces de bombes qui ont de diamètre depuis trois pouces jusqu'à six.

C'est donc du service primitif qu'ils rendaient à l'armée que les grenadiers ont tiré le nom qu'ils conservent encore, bien que l'usage de lancer des grenades ne soit plus guère usité aujourd'hui.

Toutes les puissances de l'Europe ont des grenadiers ; quelques princes en ont même des corps entiers. Louis XIV en établit d'abord quatre par compagnie d'infanterie ; ils furent ensuite réunis et formèrent des compagnies particulières, dont chaque bataillon dut en avoir une. Enfin on créa des grenadiers à cheval.

Le corps des grenadiers est le modèle de la bravoure et de l'intrépidité; c'est dans ce corps redoutable que l'impétuosité guerrière, caractère distinctif du soldat français, brille avec le plus d'éclat. Notre histoire militaire fourmille de prodiges dus à sa valeur.

Les grenadiers français sont des dieux à la guerre; ils jouissent de l'honneur dangereux de porter ou de recevoir les premiers coups, et d'exécuter toutes les opérations périlleuses. Comme il y a constamment une compagnie de ces braves à la tête de chaque bataillon, cette portion précieuse en est l'âme et le soutien. Elle est composée des soldats les plus beaux, les plus lestes et les plus valeureux, fournis par les autres compagnies du bataillon, sinon de leur choix, du moins adoptés par elles.

Un soldat doit avoir servi plusieurs années en cette qualité, avant que de pouvoir obtenir le titre de grenadier. Un soldat, pour être brave, n'est pas toujours digne d'être grenadier ; il doit encore être exempt de tout reproche du côté de l'honneur et de la probité. Dans le relâchement de la discipline, avant la révolution, on a vu ce corps, conspirant sa ruine, ne respirer que pour le duel, et ne mesurer sa considération que sur la quantité qu'il verserait de son propre sang. Cette fureur destructive heureusement s'est enfin ralentie : le grenadier français , aujourd'hui plus docile et moins féroce , est toujours également brave ; mais c'est sur les champs de bataille , contre les ennemis de sa patrie, qu'il se plaît à signaler sa vaillance.

Le premier Grenadier de France.

PRÉSENTER à nos lecteurs un précis historique des actions du héros que sa valeur fit nommer *premier grenadier de France*, c'est leur faire connaître le véritable esprit des grenadiers, qui animait ce brave au suprême degré. Voici donc ce que nous avons recueilli sur son compte , dans un estimable ouvrage intitulé l'*Honneur français.*

Théophile-Malo Coret de la Tour d'Auvergne (1), né à Carhaix, en Bretagne, fit la campagne de Savoie, en 1792 , à la tête des grenadiers du régiment d'Angoumois: à l'armée des

---

(1) Digne rejeton de la famille de Turenne.

Pyrénées orientales , il commanda toutes les compaguies de grenadiers qui formaient l'avant-garde de l'armée; et cette colonne , surnommée *l'Infernale* , avait presque toujours remporté la victoire lorsque le corps d'armée arrivait snr le champ de bataille.

Commandé en 1793 pour aller avec une petite troupe à la découverte de l'ennemi , il se trouva subitement en présence de dix mille Espagnols ; ce nombre ne déconcerte ni lui ni ses compagnons ; ils en imposent quelque temps à l'ennemi par une contenance audacieuse et un feu bien dirigé ; mais les munitions allaient manquer : la Tour d'Auvergne le sait , il ordonne de cesser le feu. A cet ordre , quelques écervelés , qui n'étaient pas de sa compagnie , osent faire entendre ce cri terrible : *C'est un ci-devant, il veut aussi nous trahir. — Soldats* , cria l'intrépide chef à sa troupe , *vous me connaissez , je suis votre camarade , votre ami , méprisez ces discours de fous , et nous sortirons de ce pas.*

Cependant les Espagnols, jugeant au silence des Français qu'ils ne demandaient qu'à se rendre, s'approchent d'eux avec précaution. La Tour d'Auvergne attend qu'ils soient bien à portée, et il fait diriger contre eux sa mousqueterie et ses pièces de campagne chargées à mitraille : le désordre se met parmi les ennemis ; le commandant français en profite pour faire filer sa petite troupe ; il se retire avec quelques prisonniers, sans avoir perdu un seul homme. On voulait qu'il punît les séditieux : « *Je ne les connais, ni ne veux les connaître ; cette leçon leur suffit ; ils seront plus dociles et plus confians une autre fois.* »

Instruit de cette action et de beaucoup de semblables, le comité de salut public nomma la Tour d'Auvergne colonel du régiment ci-devant Champagne. Sur la lettre d'avis qu'il en reçoit, il assemble ses grenadiers. — Camarades, je vous réunis pour vous consulter et avoir votre avis. A ce propos, les grenadiers de s'entre-

regarder en riant.—Eh ! oui, reprend
la Tour d'Auvergne ; je vous ai quel-
quefois donné de bons avis, aujour-
d'hui il faut que ce soit vous qui m'en
donniez. Le gouvernement vient de
m'envoyer un brevet de colonel, dois-
je l'accepter ? qu'en pensez-vous, mes
enfans ? — Les grenadiers mornes et
tristes gardent le silence ; enfin, l'un
d'eux le rompt et dit :

Notre capitaine, non-seulement ce
grade, mais un grade bien supérieur
vous est dû depuis long-temps, nous le
savons, et toute l'armée à cet égard pen.
se comme nous : mais nous, nous per-
drons donc notre père?... Nous ne pou-
vons, ajoutèrent les autres grenadiers,
vous dissuader d'accepter cet avance-
ment ; mais nous, notre capitaine!....
Des larmes coulaient de tous les yeux.
— Mes amis, reprit la Tour d'Auvergne, attendri lui-même, je vois que
cela vous afflige , vous êtes contens de
moi! — Ah ! si nous le sommes ! mais
vous, l'êtes-vous aussi de vos grenadiers ? — Mes amis, content, très-

content ; vous êtes tous des braves gens, et je vous aime tous comme mes enfans. Je voulais votre avis, je le connais, je vais en conséquence renvoyer ma commission. — Mais, capitaine...., — Je n'écoute plus rien, je connais vos sentimens, cela me suffit : vous viendrez tous aujourd'hui dîner avec moi. Camarades, vous n'y manquerez pas.

Il laisse là ces grenadiers étonnés, attendris, et va ordonner un repas militaire et frugal. A l'heure marquée les grenadiers arrivent. La Tour d'Auvergne se place au milieu d'eux ; on dîne gaîment. A la fin du dîner, il verse à tous du vin, et se levant : Mes camarades, dit-il, renouvelons en ce moment un engagement mutuel, moi de ne pas vous quitter, et vous de m'être fidèles ; et il trinqua avec eux tous au milieu d'une joie et d'un ravissement inexprimables.

Un homme aussi désintéressé était encore un prodige de modestie. Toute la France applaudit à l'arrêté du premier consul, qui lui conférait le titre de *premier Grenadier de l'armée française;* lui seul s'en affligea. Le considérant, sur-tout, de l'arrêté du ministre de la guerre, faisait son tourment. Un homme, comme il le disait lui-même, *qui ne compta jamais avec sa patrie que pour briguer l'honneur de la servir*, et qui rangea toujours parmi les choses plus indifférentes les éloges et les honneurs, pouvait-il n'être pas affecté en se voyant louer en face d'une manière qui ne ménageait pas même sa pudeur.

Lorsqu'il reçut le sabre d'honneur que lui décernait la républiqne, il ne voulut se parer de cette arme qu'après qu'elle eut été teinte du sang des ennemis. *Il n'est aucun des grenadiers que je commande*, écrivait-il, *qui ne l'ait méritée autant que moi. Allons, il faudra la montrer de près aux Autrichiens à mon âge, la mort la plus désirable, est celle d'un grenadier sur le champ de bataille, et je l'y trouverai, je l'espère.*

La Tour d'Auvergne s'était retiré à Passy, après la cessation des hostilités. Il quitta sa retraite et alla remplacer à l'armée le fils d'un de ses amis et son compatriote, M. Lebrigant, savant célèbre. Il sacrifie à la fois ses goûts, ses études, son repos, sa santé, son grade, son amour-propre, et court remplacer uu jeune conscrit, porte à sa place le fusil et le sac, et marche en simple grenadier dans des rangs où tant d'années il marcha comme l'un des plus illustres capitaines.

Le 3 messidor an 8 (21 juin 1800) la Tour d'Auvergne entra dans l'armée du Danube ; il était à la tête des grenadiers de la 46e. demi-brigade, et combattait avec eux sur la colline d'Oberhausen. Il aperçoit un houland qui portait une enseigne : il s'avance pour la lui arracher, et dans ce moment un autre accourt, et lui porte un coup de lance droit au cœur. Pendant trois jours les tambours des grenadiers furent voilés d'un crêpe, et son sabre d'honneur fut suspendu aux voûtes du temple de Mars (1), à la fête du 1er vendémiaire an 9.

La 46e. demi brigade porta, tant qu'elle exista, le cœur de ce brave, renfermé dans une petite boîte de plomb suspendue au drapeau; et, à chaque appel que l'on faisait de la compagnie des grenadiers, son nom était rappelé par ces mots: *La Tour d'Auvergne, mort au champ d'honneur!*

Ce modèle des guerriers portait toujours dans les camps une plume, du papier, un Tite Live et un Horace: il consacrait ses loisirs à des recherches savantes pour perfectionner son livre des *Origines gauloises*. La mort l'a empéché d'achever ce dictionnaire, où il comparait quarante-cinq langues.

La Tour d'Auvergne était pauvre, mais fier; il avait refusé le don d'une

_____

(1) C'était le nom que portait alors l'église des Invalides.

terre que lui offrait le duc de Bouil-
lon, chef de sa famille. Comme il
était extrêmement sobre, le traite-
ment de capitaine suffit toujours à ses
besoins, comme le grade suffit toujours à son ambition. En demandant
pour lui le titre de premier grenadier,
Carnot disait, dans son rapport, *tant
de vertus appartiennent à l'histoire,
mais il appartient au premier consul
de la devancer.*

Trait unique.

LA valeur n'est point la seule vertu
des grenadiers français, et le trait
qu'on va lire est un de ceux qui font
le plus d'honneur à l'humanité.

Une jeune dame recommandable
par sa beauté, son esprit et les qualités de son cœur, obligée de quitter
sa patrie pour éviter le sort de son
époux, victime de la terreur ; acca-
blée de douleur et d'ennuis, n'ayant
pour consolation qu'un tendre fruit
de son amour, destiné à partager les

infortunes d'une mère, dont il possédait tous les charmes, fut chercher avec lui un asile au sein d'une terre étrangère.

Cette jeune dame que nous ne ferons connaître que sous le nom d'Orphise, cherchait en vain dans ces lieux la paix et le repos ; ils étaient aussi difficiles à rencontrer que le bonheur. O Paris ! berceau des beaux arts, asile des amours, où pourrait-elle trouver ton semblable ? Mais alors un crêpe funèbre couvrait les rives verdoyantes de la Seine ; les plaisirs fugitifs et les grâces désolées conservaient à peine l'espoir d'y retourner un jour.

Cependant la guerre était allumée de toutes parts ; et l'armée française, comme un torrent rapide, parcourait déjà ces contrées qu'habitait Orphise. Obligée de fuir à mesure que les colonnes républicaines s'avançaient ; craignant de tomber entre les mains de ces fiers vainqueurs, dont pourtant elle aimait à entendre raconter les exploits, e'le errait de ville en ville, de village en village ; souvent le plus petit hameau lui servait de gîte, et ce n'était pas toujours le moins sûr.

Elle arrive enfin à Augsbourg, et croit y pouvoir demeurer tranquille, du moins pendant quelque temps. Vain espoir! à peine y est-elle entrée qu'on y répand le bruit que l'armée française s'avance à grandes journées. L'alarme est bientôt générale ; chacun se prépare à fuir en emportant ce qu'il a de plus précieux. Orphise n'a rien de plus précieux que son fils: c'est du sort de son fils qu'elle sinquiète; c'est pour lui seul qu'elle tient à la vie! Elle le prend dans ses bras, et chargée de ce cher fardeau, elle pense à sortir par la porte de la ville qui se trouve encore occupée par les Autrichiens: une méprise affreuse lui fait choisir la porte opposée et la conduit droit au camp des Français.

Qu'on se figure la surprise de cette infortunée, en reconnaissant son er-

reur ! D'abord elle tombe sans connaissance : sa beauté, son état, les
cris de son enfant, attirent autour
d'elle la foule des spectateurs. Officiers, soldats, tous s'empressent à
lui prodiguer les soins les plus généreux. Le général Lecourbe, informé
qu'une étrangère est dans le camp,
fait demander la cause des maux
qu'elle paraît endurer. Orphise ayant
repris ses esprits raconte ses malheurs, en versant un torrent de larmes : chacun en est ému. Le général
ordonne qu'il lui soit délivré sur-le-
champ un sauf conduit : l'ordre est
exécuté, et quoiqu'il soit bientôt nuit,
Orphise, encore troublée par la
crainte des dangers qu'elle croit avoir
courus, veut partir sur-le-champ. O
coup affreux du sort ! dans son égare-
ment extrême elle semble oublier ses
plus chères affections, et ne s'aperçoit point que son fils n'est plus dans
ses bras. Cet aimable enfant à qui
chacun s'empressait de prodiguer des
caresses, se trouvait alors assez loin

d'elle ; elle partit donc seule , et ce ne fut qu'au bout de quelques instans que l'on s'aperçut que l'enfant était resté. Cependant les deux armées étaient sur le point d'en venir aux mains....... Que va devenir cette innocente créature ? Le problême ne se sera pas long à résoudre.

Un de ces guerriers dont la gloire remplit le monde, un GRENADIER FRANÇAIS , aussi humain que brave, déclare qu'il lui servira de père. En effet , il prend cet enfant , et , le plaçant dans un petit sac de cuir qu'il attache devant lui , il le porte ainsi en tous lieux. C'est en vain que ses camarades se moquent de lui , il est supérieur à la raillerie , il ne lui laisse manquer de rien : dans un moment de combat , et cela arriva plusieurs fois pendant le temps qu'il fut avec lui , il faisait un trou dans la terre et y déposait son cher nourrisson , qu'il ne manquait jamais de venir reprendre à la fin de l'action.

Plusieurs mois se passèrent ainsi

jusqu'à ce que l'armistice, précurseur de la paix, fût signé. Alors Orphise, dont on peut bien se figurer les angoisses, se retrouve cherchant elle-même l'objet de son amour et de sa tendresse. De combien de larmes et de baisers ne le couvrit-elle pas? et quelles actions de grâces ne rendit-elle pas au mortel généreux qui lui avait conservé ce cher trésor? Les officiers, témoins de cette scène attendrissante, voulurent la couronner par un nouveau bienfait, et firent entr'eux une collecte pour la mère, qui produisit trente louis. Quant au brave grenadier, trop désintéressé pour accepter de l'or à titre de récompense d'une bonne action, sa plus belle récompense se trouve dans son cœur, dans la reconnaissance éternelle d'une sensible mère, et dans l'admiration de tous les hommes vertueux.

Saillie française.

Dans une affaire entre les Prussiens

et les Français, ces derniers avaient combattu, quoiqu'en nombre bien inférieur, avec une telle bravoure que leurs ennemis ne purent s'empêcher de les admirer. Le roi de Prusse, témoin du combat, remarqua lui-même un grenadier de la Haute-Saône, qui se défendit long-tems sur un pont. Entouré des corps de ceux qu'il avait tués, il refusait quartier, et quoique tout couvert de blessures il ne voulait pas se rendre.

Frappé de cette grandeur de courage, le roi fit retirer ceux qui attaquaient ce brave, à qui la lassitude et le sang qu'il perdait ne permettaient plus de recevoir la mort sans pouvoir la rendre. Il ordonna qu'on le prît, sans lui faire de mal, et qu'on le lui amenât. « *Français*, lui dit-il, *vous êtes un brave homme; c'est dommage que vous ne combattiez pas pour une meilleure cause.* »

Le grenadier républicain, embarrassé de se trouver en présence d'un roi, et ne voulant cependant pas démentir ses principes, lui répondit en langage de soldat de ce temps : « *Ci-toyen Guillaume, nous ne serions pas d'accord sur ce chapitre; parlons d'autre chose.*» Le mot *citoyen Guillaume,* fit fortune dans l'armée prussienne, et plus d'une fois en passant devant les tentes des soldats, le roi, qui avait beaucoup ri de cette saillie française, s'entendit nommer *citoyen Guillaume.*

———

A la suite d'un combat qui eut lieu pendant la campagne de 1793, Jean Jourdan, grenadier, natif du département des Côtes-du-Nord, est fait prisonnier par quatre Autrichiens qui le surprennent désarmé. Ce brave se débarrasse d'eux à coups de poings, leur prend une carabine, va se battre de nouveau, et reçoit un coup de fusil dont il meurt. Son père, ancien *grenadier de France,* va trouver le capitaine de la compagnie dans laquelle il servait, et lui dit: « *Mon fils aîné est mort de ses blessures, j'en suis fâché, parce qu'il était digne de ma tendresse ; mais il est mort au champ d'honneur, et cela me console. Il me reste encore un fils qui, je l'espère, marchera sur les traces de son frère. Je vous prie de l'accepter à sa place, et si sa destinée le fait tomber aussi, alors ce sera mon tour : je vengerai mes enfans en offrant tout mon sang à ma patrie !!!.... »*

———

Le général Dumourier qui, comme chacun le sait, n'était ni républicain, ni royaliste, mais seulement, comme beaucoup d'autres, du parti qui convenait le mieux à sa fortune, possédait de grands talens militaires, et sur-tout ce courage si nécessaire à un ambitieux. Ce n'est donc que parce qu'il commandait des Français, *et des grenadiers*, que nous le citons ici.

Dumourier prépara à Valenciennes l'invasion de la Belgique. Il dit à ses soldats : « *Entrons dans ces belles provinces comme des libérateurs et des frères.* » Il adressait en même temps aux Belges une proclamation. Il attaqua les Autrichiens dans leur camp retranché. Avant la bataille, il montra aux soldats les hauteurs de Jemmapes, en s'écriant: « *Voilà l'Autrichien ! qu'il soit précipité ! La baïonnette en avant ! c'est la seule tactique digne de votre courage.* » Quarante mille Français gravissent à l'instant et marchent contre cinquante redoutes qui recèlent une armée formidable et deux cents pièces d'artillerie. Il y eut un instant de désordre, inévitable dans une première bataille (c'était en 1792). Dumourier rallie lui-même sa cavalerie qu'il précède, et tourne ensuite celle de l'ennemi. Cette bataille fut décisive: *les Français y parurent supérieurs par l'artillerie et l'arme blanche.* Dumourier déploya une bravoure surnaturelle ; il emporta le village de Carignan comme un simple capitaine d'avant-garde. Monté sur un cheval rapide, il courait aux deux extrémités de sa ligne foudroyée par la mitraille et les boulets de cent bouches d'airain. Les soldats croyaient ne pouvoir pas assez prodiguer leur vie pour un tel général. Un trait peindra leur dévoûment: il voulait emporter les retranchemens du Mont-Parisel, il appelle tous les grenadiers, et leur dit : « *Camarades, c'est pour la liberté des peuples que nous combattons. Vous savez que les soldats des despotes craignent l'arme blanche. Je vous demande si nous ne pourrions pas emporter le Mont-Parisel, dont la prise nous rend maîtres de Mons ?* » Les grenadiers s'écrient: « *Marchons !* » Ils jettent fusils, gibernes, ceinturons, escaladent la montagne le sabre à la main, et enlèvent toutes les redoutes. Mons ouvrit ses portes à la troisième sommation qu'on lui fit. Les Français entrèrent à Bruxelles, à Ath, à Tirlemont, à Liége; et Dumourier, maître de tous les Pays-Bas, fit prendre à son armée des quartiers-d'hiver sur la Roër et sur la Meuse.

RÉNÉ MOREAU, qu'il ne faut pas confondre avec le fameux général tué à la bataille de Dresde en combattant contre la France, naquit à Rocroi, dans le département des Ardennes. On sait que ce département offrit le premier l'exemple d'un dévoûment glorieux dans les dangers de la patrie : à l'approche des armées étrangères en 1792, il arma quarante mille combattans, et ne conserva qu'un homme par charrue.

D'un bout à l'autre de la forêt des Ardennes, que des hommes simples habitent, tous les bras furent occupés des travaux de la guerre, tous les cœurs se montrèrent dignes de repousser ces rois jaloux et superbes qui s'avançaient sur notre territoire pour fouler aux pieds nos lois et notre liberté,

Moreau s'engagea à seize ans dans le régiment d'Auxerrois, fit comme grenadier les campagnes d'Amérique, et eut la jambe fracassée d'un coup de feu devant Sainte-Lucie. Son colonel qui l'aimait, voulut le faire officier. Moreau avait une taille noble, la figure la plus heureuse, de l'esprit et de la bravoure ; ce n'était pas assez alors dans une monarchie : il revint en 1781 avec un congé et la plaque de cuivre dans son pays où il reprit l'état de menuisier qu'il avait appris de son père. Au commencement de la révolution, son talent pour la guerre qui n'avait rien de la rudesse d'un soldat, l'éleva au commandement de la garde nationale ; il fut suivi des regrets de tous les habitans, lorsqu'en 1791, nommé chef d'un bataillon, il quitta sa femme et ses enfans et un atelier de trente ouvriers, pour voler à la défense de la patrie, oubliant la blessure qu'il avait reçue autrefois et qui n'avait jamais été bien guérie.

Pendant le siége de Thionville, il repoussa les Prussiens par des sorties vigoureuses, à la tête d'un bataillon de grenadiers qu'il avait formé. Sa belle conduite et un excès de valeur lui fit franchir le grade de colonel qui

ne parut pas un prix digne de ses ex
ploits ; en six mois de temps il fut fait
maréchal de camp , général de division , et général en chef de l'armée de
la Moselle. Il se montra républicain
rigide, mais humain ; il aima et il devait aimer une liberté qui le portait
aux honneurs. Il s'aperçut cependant
que son bonheur excitait l'envie. Il
avait alors près de lui un vieux capitaine qu'il avait connu dans son régiment ; c'était un homme fidèle à ses
devoirs, mais la nature lui avait refusé
cette bravoure impétueuse qui emportait les grades dans la guerre de
la liberté. Rien n'annonçait qu'il dût
ne pas rester capitaine toute sa vie.
Cependant Moreau sut que cet officier
avait dit qu'il n'était général que par
faveur. Il voulut tenter son courage
ou le punir avec esprit. Il va le trouver et lui dit: « Je sais une occasion
où d'un seul coup vous deviendrez
colonel. » Le capitaine sourit et le
presse de s'expliquer. « Il s'agit, continua Moreau, de passer un petit

torrent, de vous avancer dans le défilé d'une montagne où plongent cinquante pièces d'artillerie, d'y gravir
d'eux à deux, et d'emporter une redoute d'assaut à la tête de votre compagnie. » Le vieux capitaine change
de visage et répond que c'est toujours
à lui qu'on propose ces expéditions
dont on ne revient jamais. « J'en suis
bien revenu, moi, lui repart vivement Moreau ; il y a six mois que la
redoute est enlevée, et voilà pourquoi je suis général. J'ai voulu me
venger de vos reproches : restez dans
votre obscurité. »

Après s'être signalé dans vingt combats. Vainqueur à Permesens, à Or-
nebach, à Tripstad, à Rheinsfeld et
à Gennevald, ce général grenadier
mourut devant Luxembourg, le 22
pluviose an 3, d'une maladie causée
par les fatigues de la guerre, ne laissant pour héritage à sa modeste famille que le souvenir de son courage
et de ses vertus.

Au combat donné à la prise d'Arlon, le lieutenant des grenadiers Blondel, se signala par un beau trait d'humanité : il était grièvement blessé et attendait du secours ; près de lui se trouvait un Autrichien, plus mal traité encore ; ses cris excitaient la compassion de l'officier, qui ne pouvait le soulager. Un chirurgien se présente. « Eh! venez vîte, lui dit le brave Français, il y a long-temps que je vous attendais. » Le chirurgien se met en devoir de le panser. « Non, non, continue Blondel, ce n'est pas moi qu'il faut secourir, c'est un brave (en montrant l'Autrichien) qui est bien plus blessé que moi. » Quoi! dit le chirurgien, c'est notre ennemi! — Oui, mais il souffre cruellement: occupez-vous d'abord de lui ; c'est un homme comme moi, et cela doit vous suffire.

Dans les premières guerres que la France soutint contre la coalition des rois, l'avantage demeura souvent aux soldats de la république, qui montraient un rare courage. Leur gloire eût été pure, si à cette époque quelques hommes immoraux, qui s'étaient glissés dans les rangs des braves, ne se fussent montrés avides de pillage : heureusement que les grenadiers surent se soustraire à ce reproche.

Le général Beurnonville déploya contre les pillards toute la sévérité des lois militaires ; il sut apprendre aux soldats que, s'ils doivent être la terreur des ennemis de la patrie, ils ne portent les armes dans les pays amis que pour faire respecter les personnes et les propriétés des citoyens paisibles. Il fut parfaitement secondé dans cette tâche difficile par les officiers de son état-major. On admirera toujours la fermeté héroïque de l'adjudant Cochorn. Il conduisait une colonne, lorsqu'il aperçut un corps de chasseurs à cheval se livrant au pillage, sur une terre amie. Il leur reproche une conduite si répréhen-

sible ; on lui répond par des insultes.
Il leur réitère la défense de piller , et
menace de brûler la cervelle au premier qui refusera d'obéir On lui ré-
siste , il fait feu. Un des pillards tombe
mort , un autre est blessé ; le désordre cesse. Trois jours après , Cochorn
se trouve à la tête du même corps ,
il entend murmurer dans les rangs.
— C'est lui, c'est lui. — « Eh bien !
oui, c'est moi· ne vous en prenez à
personne de la mort de votre camarade ; c'est moi qui ai fait mon devoir
et qui suis prêt à le faire encore , en
punissant de même quiconque desho-
norera le nom français par des crimes.
Si quelqu'un veut venger la mort de
son camarade , me voilà prêt. » En
même temps il baisse son sabre ,
jette ses pistolets , et fixe la troupe
les bras croisés. Quelques furieux
tombent sur lui et le couvrent de
blessures ; mais les grenadiers , indignés , l'enlèvent à leur rage. Les meurtriers sont arrêtés , jugés et condam-
nés à être fusillés. Peu après , la dis-

cipline renaît, et les citoyens trouvent des protecteurs dans les soldats soumis aux lois d'une sévère discipline.

CHARETTE venait de prendre position à Venansault, près la Roche-sur-Yon ; depuis plusieurs jours il évitait de s'engager avec les républicains, n'ayant point rencontré d'occasion assez favorable. Le brave Haxo qui, par son intrépide valeur et ses talens militaires, était de simple grenadier, devenu général, arrive avec sa colonne. Le général vendéen ne veut point par sa fuite assurer le triomphe de son adversaire ; il range sa troupe en bataille et s'écrie : « Camarades, c'est assez éviter de combattre un ennemi que notre faiblesse encourage, il faut aujourd'hui vaincre ou mourir. » Haxo engage le combat ; mais Charette, bien servi par les localités, avait disposé ses soldats de manière à envelopper les républicains dans un vallon où il les avait attirés. Leur cavalerie est dispersée par celle des Vendéens , qui revient avec vigueur charger leur infanterie. Le désordre est bientôt dans les rangs républicains. Tous les efforts d'Haxo pour rallier les fuyards deviennent inutiles. Lui-même est sur le point d'être atteint par quelques cavaliers royalistes. Au moment où il franchissait un fossé , une balle vint le frapper à la cuisse ; il tombe. Charette avait ordonné à ses soldats de ne point frapper le général républicain, et de le lui amener vivant. Trois Vendéens accourent auprès du blessé , et le somment de se rendre. Haxo , appuyé contre un arbre , refuse de donner son sabre , et semble encore menacer ses ennemis. Un soldat , qui réitère la sommation , est étendu mort aux pieds du général.

. Entouré par un plus grand nombre de soldats , Haxo refuse toujours de remettre ses armes , et se défend contre ceux qui entreprennent de les lui arracher. Enfin , un officier vendéen , lassé de cette longue résistance , arme sa carabine et tire, presque à bout portant, sur le général républicain, qui reçoit trois balles dans la poitrine et expire aussitôt. La bravoure et les qualités reconnues du général Haxo l'avaient fait estimer des Vendéens ; Charette lui-même fit l'éloge de ce guerrier, en regrettant de n'avoir pu l'arracher à la mort.

———

Pendant le siége du fort de l'Ecluse, les Hollandais avaient eu recours aux pots à feu pour faire beaucoup de mal à nos travailleurs ; ils en lançaient chaque jour une quantité énorme. Témoin de l'utilité dont ces pots à feu étaient pour les assiégés, Buiron, grenadier au premier bataillon de la Marne, s'était pour ainsi dire dévoué pour les éteindre. Seul, à la tête des tranchées et à portée de pistolet de l'ennemi, il en éteignit cinq l'un après l'autre, au milieu d'une grêle de mitraille et de mousqueterie ; mais ce brave grenadier finit par être victime de son dévoûment: atteint d'une balle à la tête , il en fut griévement blessé.

Ce siége fut remarquable par la constance des troupes, pendant toute sa durée , à surmonter les obstacles que les événemens réunis leur opposaient. De tous ces élémens , comme le disait le général Moreau , le moins dangereux était le feu. Pendant dix jours les assiégeans furent arrêtés dans leur marche par l'eau du ciel et celle de la mer , sans pouvoir faire un seul pas en avant. Cependant, malgré le feu meurtrier des assiégés, malgré cette contrariété de temps, grâce à l'activité des grenadiers et des sapeurs, la sape fut conduite avec de simples fascines jusqu'à la portée du fort. Les soldats, au lieu d'aller aux batteries par les tranchées, n'y marchaient jamais qu'à découvert, avec une intrépidité sans exemple, qui étonnait leurs propres généraux. Souvent, dans l'eau et dans la boue jusqu'à la ceinture , ils s'encourageaient les uns les autres en criant : « Vive la république ! Nous n'en aurons pas le démenti. »

Le général Moreau ayant sommé Menin, dont il avait déjà fait commencer le bombardement, de se rendre, le général hanovrien Hammerstein, qui se trouvait renfermé dans la place avec sa division, répondit convenablement à cette sommation. Les soldats Français électrisés par les succès qu'ils venaient de remporter sur l'ennemi, dans cette même journée, demandèrent à grands cris qu'on les conduisit à l'assaut. Moreau, tout en appréciant l'enthousiasme de ces braves, leur fit observer par l'organe du général Vandamme, que la profondeur des fossés et la hauteur des remparts ne lui permettaient point de céder à leur ardeur; mais les *grenadiers* insistèrent : « *Laissez-nous commencer l'attaque*, dirent-ils à leur général, *nos corps serviront de fascines pour combler les fossés, et nos camarades esca-*

laderont les remparts. » On conçoit qu'un général prudent comme Moreau persista dans son refus ; mais que ne devait-il pas espérer avec de tels soldats !

———

Le lieutenant-colonel (depuis général) Laharpe , commandait au mois d'août 1792 , le château de Rodemack, dernier poste français situé au nord de Thionville , non loin de Luxembourg. Lors de l'invasion des Prussiens , Laharpe fut sommé de rendre cette forteresse. Quelle résistance peut opposer à une armée formidable un château isolé , n'ayant pour garnison que quelques centaines de grenadiers et d'artilleurs ? Un homme moins intrépide que Laharpe se fût hâté de céder à la nécessité ; mais rendre la place sans se défendre lui paraît une lâcheté incompatible avec la réputation de bravoure qu'il avait acquise dans les campagnes de Bohême , où il avait servi. Il assemble les officiers de sa garnison et ne leur dissimule pas les dangers de leur position; mais il leur montre la patrie, les yeux fixés sur le premier poste attaqué par l'ennemi. « Balancerons, leur dit-il, sur le parti à prendre? fuirons-nous comme des lâches? ou nous faudra-t-il recevoir d'indignes fers? Défenseurs de la patrie, nous porterions des chaînes! Non, vaincre ou mourir! Je vous propose d'employer tous les moyens de résistance, en cas d'attaque; lorsque la résistance deviendra inutile, de faire sauter une partie du château et de passer à travers l'ennemi, baïonnettes et sabres à la main, pour se retirer sur Thionville : si l'exécution de ce plan devient impossible, il reste toujours un ressource à ces braves gens qui ne doivent être pris vivans en aucun cas, c'est de laisser entrer l'ennemi et de faire sauter le fort tout à la fois. »

Tous les officiers souscrivent à ces propositions. Le général Luckcer, instruit d'une telle résolution, admire ce dévoûment héroïque ; mais il ne peut voir la France exposée à être privée d'aussi braves défenseurs, et ordonne l'évacuation de Rodemack. Laharpe, obligé d'obéir, en fait transporter les munitions et l'artillerie à Thionville, en présence de l'ennemi, et reçoit de son général le surnom de brave, à la tête de l'armée dans le camp de Richemont.

———

Les Autrichiens, sous la conduite du duc Albert de Saxe Teschen, avaient tout préparé pour le bombardement de Lille. Le 29 septembre 1793, à onze heures du matin, un major précédé d'un trompette, s'étant présenté à la porte Saint-Maurice, fut introduit les yeux bandés au conseil de guerre, auquel il remit une sommation de rendre la place ; déclarant au nom du duc de Saxe, que si l'on accédait à sa demande, la ville serait traitée avec douceur ; mais que dans le cas contraire elle aurait à souffrir l'incendie, le pillage et toutes les horreurs de la guerre.

Le maire de la ville, André, répondit : « *Nous venons de renouveler notre serment d'être fidèles à la nation ; nous ne sommes point des parjures : nous soutiendrons la liberté, ou nous mourrons !* » Le maréchal de camp Ruault ajouta : « *La garnison que j'ai l'honneur de commander et moi, sommes résolus de nous ensevelir sous les ruines de cette place, plutôt que de la rendre à nos ennemis. Les citoyens, fidèles à leurs sermens de vivre libres ou mourir, partagent nos sentimens, et nous les soutiendrons de tous nos efforts.* » L'envoyé autrichien fut reconduit les yeux bandés, aux cris unanimes de vive la nation ! vive la liberté ! répétés mille fois.

Dès qu'il eut rendu compte de sa mission, vingt-quatre canons de gros calibre, chargés à boulets rouges, tirèrent sur la ville ; trois batteries ennemies lancèrent trois gerbes de feu qui la couvrirent en un instant dans toute son étendue, et ne laissèrent aucune habitation sans danger. Une grêle de bombes, d'obus et de boulets rouges, portait partout la consternation èt la mort. L'incendie se manifesta avec violence dans le quartier Saint-Sauveur : les casernes de Fives et l'église de Saint-Etienne furent aussi la proie des flammes. Cette scène d'horreur et de carnage dura sans discontinuer cinq jours et cinq nuits : la première nuit fut terrible à passer pour les habitans; mais à l'aspect du jour, leur abattement et leur frayeur diminuèrent. Encoura-gés par l'exemple que leur donnaient les intrépides grenadiers qui formaient une partie de la garnison, *ils élevè-rent leur courage à la hauteur de leur situation, et dans ce grand désastre rien désormais ne peut leur paraître impossible.*

Les Lillois ne forment plus qu'un peuple de frères tous unis pour la dé-fense commune. La famille dont l'ha-bitation est embrasée, trouve de suite un autre asile ; des femmes sur qui la timidité de leur sexe n'a plus d'empire, des enfans que l'exemple de leurs mères encourage, courent sur les bombes à l'instant où elles sont tombées , pour en arrêcher les mêches et les empê- cher d'éclater.

Des hommes armés de tenailles et de grandes cuillers de fer , fabriqués exprès , vont dans les maisons où tom- bent les boulets rouges , les saisissent avec la plus grande dextérité , et les jettent dans les ruisseaux ou dans des vases pleins d'eau que l'on a placés dans toutes les rues. Tandis que des canon- niers et des gardes nationales font leur service sur les remparts , on les avertit que leurs maisons brûlent ; ils répon- dent , sans s'émouvoir, qu'ils ne peu- vent quitter leur poste, et ce n'est que lorsqu'ils sont remplacés , qu'ils s'oc- cupent du soin de leurs propriétés.

L'ennemi fatigué et rebuté par leur résistance opiniâtre , donnait aux as- siégés quelques momens de repos ; le feu était ralenti ; mais il reprit avec plus de force dans la journée du 3 oc- tobre , et l'on prétend que ce fut d'a- près un ordre donné par l'archidu- chesse Christine , qui venait d'arriver au camp autrichien. Cependant le 5 octobre il se rálentit de nouveau , et les foudres de l'ennemi , en tombant sur les débris fumans de la ville , n'offraient plus que des cailloux et des barres de fer.

A la nouvelle de nos exploits en Champagne, le duc Albert, après avoir inutilement lancé dans Lille soixante mille boulets rouges , des bombes et des obus en proportion , prit le parti d'abandonner son entreprise : le 7 il exécuta un mouvement de retraite sur Tressin , et les braves Lillois délivrés se livrèrent encore à la joie , croyant que l'on ne pouvait acheter par de trop grands sacrifices (1) l'indépendance de sa patrie.

Après la brillante affaire du pont de Lody , où les grenandiers français

----

(1) Huit cents maisons étaient tout-à-fait détruites, un plus grand nombre considérablement endommagés, et près de trois mille hommes tués, tant de la garnison que de la ville.

cueillirent des palmes immortelles, arrêté sous un arbre, un de ces braves, nommé Francœur, en pansait un autre blessé d'un coup de biscaïen au bras droit et d'un coup de sabre sur la tête, quand un détachement de trente Autrichiens, coupé de son corps et sortant d'un petit bois où il s'était caché, parut à l'improviste.

L'officier commandant le détachement, voyant le grenadier français, qui s'était débarrassé de ses armes, tout entier aux soins qu'il donnait à son camarade, ne craignit pas de s'avancer seul pour les sommer de se rendre ; mais celui-ci se retournant avec la promptitude de l'éclair, saisit l'autrichien au collet, lui arrache son épée, et dit avec un accent terrible aux soldats du détachement : « Si vous » ne déposez les armes ; si vous faites » un pas en avant, votre comman- » dant est mort. »

Le commandant saisi d'épouvante, tenu de manière à ne pouvoir se dégager, et très-peu disposé à mourir, engage lui-même les siens à souscrire aux conditions qu'on leur impose. Ils obéissent. Le vainqueur leur prescrit de suivre la direction des colonnes françaises, où bien entendu, il va les accompagner à une respectueuse distance.

C'est à ces conditions qu'après avoir reçu la parole d'honneur de l'officier autrichien, il lui permet de guider lui-même sa troupe.

Pendant ce temps le brave blessé, quoiqu'affaibli par la perte de son sang, ne voulant pas rester spectateur inutile, tirait de la main gauche son sabre hors du fourrreau, afin de seconder son compagnon, mais Francœur n'en avait plus besoin. L'intrépide grenadier achève de remplir le devoir d'humanité qu'il s'est imposé, puis il rejoint son corps d'armée, et a la gloire de présenter au général Bonaparte ses trente prisonniers. Cette action lui valut un sabre d'honneur.

(55)

Parmi les traits particuliers qui ho-
norèrent les soldats français pendant
le siège d'Ypres, nous citerons celui-
ci : on venait d'achever la construction d'une des batteries de brèche ;
et , comme on manquait de chevaux
pour conduire les pièces destinées à
l'armement de cette batterie, quelques grenadiers du quatrième bataillon du Nord , empressés de la voir
jouer , proposèrent de s'atteler aux
six pièces de grosse artillerie qu'il
s'agissait de placer. Le bataillon tout
entier suivit ce conseil , et parcourant
un intervalle de cent cinquante toises
sous le feu le plus violent des assiégés,
la batterierie fut armée.

Un faible détachement de l'armée
française dont quelques compagnies
de grenandiers faisaient la principale
force , sous les ordres du général Ser-
van , attaqua les Espagnols retranchés
sur la montagne de Louis XIV , ainsi
nommée depuis le traité des Pyré-

nées. L'intention du général français était de faire repasser à l'ennemi la Bidassoa. Cette rivière séparait la montagne de Louis XIV, d'une chaîne de montagne très-élevées, sur lesquelles les Espagnols avaient construit plusieurs redoutes garnies de grosses pièces d'artillerie. Le poste attaqué en était lui-même hérissé, et les Espagnols répondaient avec avantage à la canonnade des Français. Ceux-ci demandaient à grands cris à gravir la montagne. Les généraux hésitent en considérant que, dominée par les batteries opposées, elle ne peut rester en leur pouvoir ; mais cédant à l'impatience de leurs soldats, ils donnent le signal.

L'adjudant général Darnaudat place deux pièces de quatre en batterie qui prennent en flanc les retranchemens: il est blessé à la tête de sa colonne, à la cuisse et à la poitrine, et renversé de son cheval. Les canonniers, bravant le feu des redoutes, se mettent à découvert. Chaque boulet enlevait

une tente ou une partie des retranchemens. Le désordre se met parmi
l'ennemi. Les grenadiers du 80e, ceux
du 22e, et ceux du bataillon des Hau-
tes-Pyrénées se précipitent au pas de
charge et baïonnette en avant. Ils gravissent la montagne au milieu du feu
de l'artillerie espagnole, et attaquent
les retranchemens. Le colonel Villot
et un grenadier du 22e se disputent
l'honneur d'y entrer le premier. Le
colonel Lasalle, les lieutenans-colo-
nels Vigent et Tisson combattent à
la tête de leurs soldats. Le brave la
Tour d'Auvergne reçoit sept coups
de feu dans ses habits. Enfin, après
un combat qui avait duré plus d'une
heure, les Français franchissent les
retranchemens, et forcent l'ennemi à
fuir avec précipitation. Le feu des
redoutes, situées sur les montagnes
opposées, empêcha les Français de
poursuivre les vaincus qui repassèrent
la Bidassoa et coupèrent le pont pour
assurer leur retraite.

Lors de l'enlèvement des lignes de Breda par l'armée française , le chef de bataillon Thiébault , suivi de cinquante chasseurs de son bataillon et de douze grenadiers du premier bataillon de l'Oise , poursuivait les vaincus avec vivacité : emporté par trop d'ardeur , il eut bientôt dépassé de beaucoup les autres bataillons français. Deux cents cavaliers hollandais s'aperçoivent de son isolement , font volte face et le chargent vigoureusement. La plupart des chasseurs de Thiébault prennent l'épouvante , se mettent à fuir , et sont sabrés par la cavalerie ennemie. Il ne restait plus à cet officier que quatre de ses tirailleurs et onze grenadiers , il se jette avec cette poignée de braves derrière une masure ruinée , et leur fait jurer de mourir plutôt que mettre bas les armes. Les murs qui n'avaient pas plus de trois pieds de haut , étaient crevassés. Le commandant Thiébault fait faire , par l'une de ses crevasses , un feu si vif sur les cavaliers qui déjà entouraient la masure, qu'un grand nombre est mis hors de combat. Les Hollandais, étonnés de cette résistance meurtrière, abandonnèrent leur attaque et se retirèrent. Ainsi, avec quinze hommes seulement, dont onze grenadiers, Thiébault eut la gloire de résister avec avantage à l'attaque de deux cents ennemis, dont plusieurs ne s'en retournèrent pas. Il n'eut de son côté qu'un homme tué et un blessé.

Lorsque la célèbre victoire de Jemmapes eut ouvert aux Français les portes de la Belgique, ils y trouvèrent beaucoup d'amis : le peuple d'Anvers et de Namur avait contraint les garnisons de ces places à les rendre ; mais elles s'étaient retirées dans les citadelles où elles se défendaient. Nous allons à cette occasion citer un fait qui mérite de passer à la postérité.

La tranchée était ouverte, et déjà les bombes et les boulets écrasaient la citadelle de Namur : tout à coup le bruit se répand que le fort Villate, qui couvre le château, est miné et que les assiégeans vont sauter au moment où ils croient obtenir la victoire. C'est alors que le général Leveneur, commandant sous les ordres de Valence, conçoit un projet d'une étonnante intrépidité : il se dirige la nuit vers le fort avec quelques centaines de grenadiers *déterminés à mourir.* Les Français franchissent les palissades : ils trouvent la première voûte déserte ; mais les sentinelles qui gardent la seconde font feu et donnent l'alarme.

Leveneur, ne pouvant franchir cette palissade, dit à un officier très-grand et très-fort, qui se trouve près de lui, de le jetter par-dessus. L'officier exécute cet ordre, et se précipite aussi de l'autre côté de la barrière : plusieurs grenadiers les imitent. Déjà l'intrépide Leveneur a saisi le général autrichien : lui mettant l'épée sur la poitrine, il lui dit : *conduis-moi à tes mines, ou tu és mort.* « L'Autrichien, déconcerté par tant de hardiesse, balance un instant ; mais il cède. Le général français est conduit au four- neau des mines, il en arrache lui- même les mèches, les éteint, et le fort est en notre pouvoir.

———

Quand la France gémissait sur les nombreux revers éprouvés à la suite de l'invasion de la Belgique, les moin- dres succès obtenus sur les frontières du Nord, et publiés avec soin dans la capitale, ranimaient les esprits abat- tus ; aussi les traits de bravoure et d'intrépidité étaient-ils recueillis avec avidité et célébrés avec enthousiasme : c'est à ce titre que nous citerons les traits suivans ; ils doivent servir à si- gnaler une époque de nos annales militaires, où le plus grand nombre des défenseurs de la France, montrait déjà ce caractère héroïque que nous admirons chez quelques peuples de l'antiquité, et qui depuis s'est déployé parmi nous avec tant de force.

Le cinquième bataillon de Saône-et-Loire était en garnison dans le poste d'Ost-Capelle, village près de Lille : le 8 juillet, au milieu de la nuit, les ennemis au nombre d'environ deux mille, conduits par un Français qui avait déserté la veille, s'avancent tout à coup pour s'en emparer. Ils se précipitent dans le village avec une fureur dont la guerre offre peu d'exemples, ayant en un instant enfoncé tous les postes. Habert, capitaine des grenadiers, rassemble à la hâte sa compagnie. Les Autrichiens fondent aussitôt sur lui, et le pressent en l'accablant d'une grêle de balles. Ne consultant que leur valeur, Habert dit à ses compagnons de gloire : Mes amis, c'est ici notre tombeau ! il faut périr dans ce retranchement plutôt que de l'abandonner. » Et secondé par les braves grenadiers, il fait le feu le plus terrible. On se bat à coups de baïonnettes et de sabres. Habert, après avoir tué trois de ses adversaires, est enveloppé par un peloton d'Autrichiens : cependant il ne cesse de se défendre avec succès , et ne répond aux propositions qu'ils lui font de se rendre , qu'aux cris de vive la république! Le nombre des assaillans augmentait ; Habert allait infailliblement succomber , lorsqu'averti par le bruit du combat, le reste du bataillon accourt, fond sur l'ennemi avec impétuosité , et en fait un affreux carnage. Habert est dégagé et les Autrichiens en fuite laissent le village et ses environs couverts de leurs morts. Quelques jours après l'ennemi revint à la charge , et l'attaque sur le même village fut renouvelée à deux heures du matin. Un caporal nommé Morel est envoyé à la découverte : un brouillard épais empêchait de voir à quelques pas de soi : ce brave tombe dans un poste autrichien ; tous se précipitent sûr lui en le menaçant de le tuer, s'il pousse un cri : alors, nouveau d'Assas, oubliant comme lui le danger auquel son dévoûment l'expose , il se met à crier de toute la force de sa voix :

« Capitaine, feu, feu sur l'ennemi ! »
et tombe au même instant percé de
coups.

Avertis par la voix du généreux
guerrier, les Français accourent. Après
un combat opiniâtre, ils dispersent
et font fuir encore une fois les Autrichiens. Le brave Morel respirait encore, il expira quelques instans après;
mais la victoire semblait avoir adouci
l'amertume de ses derniers momens.

Le 26 frimaire an 2 (16 décembre
1793), le général Dugommier visite
les camps devant Toulon, que la trahison avait livré aux Anglais; ses discours énergiques animent les soldats
ou les rassurent. Il rappelle leurs
triomphes et leur promet de nouvelles
victoires; ils demandent le signal de
l'attaque. Chaque brigade est placée
au lieu où elle doit vaincre. Les divisions d'Italie graviront les montagnes
qui bordent Toulon au nord, se pré-
senteront de front aux retranchemens

qui les défendent, enlèveront d'assaut
le Pharaon et le fort Rouge. Les colonnes du centre sont opposées au fort
de Malbosquet.

Sur la droite du camp, devant la petite ville de Seigne, près de la Croix-
des-Signaux, s'élevait, sur une hauteur escarpée, une immense redoute,
nommée *Gibraltar* par les Anglais,
qui la comparaient aux rochers de
cette forteresse. Depuis le bas jusqu'au sommet de la montagne, plusieurs rangs de palissades en défendaient l'approche. La terre hérissée
de pieux présentait une forêt de dards.
Des fossés profonds, des arbres épi-
neux entassés, de nombreuses batteries protégeaient toutes les issues. Les
postes avancés, répandus de tous
côtés dans la plaine, veillaient contre
la surprise. Ce fut contre ce poste important que Dugommier dirigea les
plus grands efforts de l'armée. Il prit
huit mille hommes d'élite. *Chacun
ambitionnait l'honneur du danger : il*

*l'accorda aux grenadiers, et se plaça
à leur tête.*

La nuit était avancée, et l'armée,
réunie sur différens points, attendait
l'ordre de s'ébranler, lorsqu'un orage
affreux vint augmenter les ténèbres.
Au milieu de l'obscurité la plus profonde, la pluie inondait les armes, et
ne laissait que le choix de la baïonnette. La colonne est à peine devant
les palissades, que les premiers postes
ennemis se replient. L'alarme se répand, l'ennemi court aux armes, le
canon du rempart vomit des boulets
de tous côtés. Nos grenadiers n'avançaient qu'avec des efforts inouis, au
milieu de pieux aigus qui leur fermaient
le passage. Ils arrivent au pied de la
redoute.

Un impénétrable mur de dix-huit
pieds d'élévation, défendu par un feu
qui n'avait point d'intervalle, présentait un obstacle insurmontable. Des
pièces de campagne, placées au bas
des embrâsures, foudroyaient ceux

qui s'offraient les premiers, tandis que des canons du plus haut calibre portaient la mort dans les rangs les plus éloignés. Les grenades allumées, les obus, les boulets, étaient lancés du haut des remparts. Le courage des soldats fut long-temps inutile au pied du mur qui leur dérobait l'ennemi. Sans échelles pour livrer l'assaut, ils recevaient la mort sans pouvoir la donner. Leur intrépidité tenta un dernier effort. Des grenadiers, l'un sur l'autre élevés, furent portés par la force des bras sur le rempart. Le sabre entre les dents, le fusil en bandoulière, ils passent par les embrâsures des canons, dans l'instant où les pièces ayant tiré, reculent par leur mouvement ordinaire. L'ennemi se presse autour des assaillans; les égorge sur le parapet, ou les précipite. Les grenadiers, trois fois culbutés, remontent trois fois dans la redoute. Les armes à feu étaient inutiles : l'arme blanche portait seule la mort. La baïonnette se retire du corps du soldat expirant, pour se plonger dans le corps du soldat qui le remplace. La confusion des rangs, la pluie qui tombait à flots pressés, augmentaient encore le désordre et le carnage. La résistance des Anglais fut si grande, que les Français semblaient forcés de céder le fruit de tant d'ardeur; mais de nouveaux soldats arrivent; des cris d'encouragement se font entendre; on répond par des cris de victoire, et ce qui reste d'ennemis est immolé sur les canons.

Nos grenadiers, inondés de pluie, de sueur et de sang, ne se reposèrent qu'après avoir tourné contre l'ennemi les canons dont ils s'étaient emparés. Après la prise de la redoute dite *Gibraltar*, l'enlèvement des redoutes voisines n'occupa que quelques heures la droite de l'armée. Les divisions d'Italie avaient traîné des pièces de campagne jusques sur les sommets des montagnes. L'importante redoute de Cobrun était forcée; le fort Rouge et le fort Pharaon étaient déjà emportés. Ce fut à l'attaque de ce dernier que

Bonaparte, âgé de vingt ans, se fit remarquer par la hardïesse et l'habileté
de ses dispositions. Il paraissait intrépide et calme au milieu des plus grands
dangers. Resté presque seul de la compagnie d'artillerie qu'il commandait,
il avait saisi le fouloir des mains d'un
canonnier expirant ; on le voyait, nageant dans le sang des braves morts
autour de lui, charger, fouler, pointer
sa pièce et lancer le trépas au sein des
bataillons d'Angleterre vomis sur nos
rivages. Un commissaire de la convention ayant désapprouvé le placement
d'une batterie, il lui répondit avec
fierté : « Cette batterie restera-là, et je
réponds du succès sur ma tête. » La
batterie ne fut pas déplacée, et le fort
Pharaon fut pris. Bonaparte fut fait
général sur le champ de bataille.

Un faible détachement de l'armée
du général Marceau, surpris par l'armée vendéenne, se disperse ou suc-
combe. Un des officiers mortellement

blessé, échappe au carnage avec un grenadier qui le soutient dans sa fuite précipitée. Epuisé par le combat, l'officier tombe au pied d'un arbre ; son fidèle grenadier le ranime, arrête le sang qui sort de sa blessure. Bientôt un parti de Vendéens découvre leur retraite : le nombre des ennemis, leurs cris menaçans rappellent à l'officier républicain, les barbaries que l'armée catholique exerce contre ses prisonniers. Il préfère la mort à leur esclavage et à l'horrible lenteur de leur supplice ; il arracha le simple appareil qui couvre sa blessure : son âme s'échappe avec les flots de son sang.

Le chef des Vendéens arrive ; il contemple avec une joie barbare l'officier expirant : « Que fais-tu là, dit-il au grenadier, d'une voix terrible ? — *J'apprends à mourir, répond le brave avec fierté.* — Rends tes armes, réplique le Vendéen. Le grenadier se frappe et dit : *Dépouille-m'en, je ne te les rends pas !* »

Charles Legris, âgé de vingt ans, grenadier au cent cinquième régiment d'infanterie, reçoit, en montant aux redoutes de Keffendorf, près d'Haguenau, un boulet qui lui casse la jambe. Après avoir souffert l'amputation avec un courage héroïque, il demande sa jambe et s'écrie, en l'élevant dans ses mains. « O ma patrie ! reçois ce sacrifice ! »

Lorsque le général Hoche eut effectué le passage du Rhin, au lieu dit *la Tour blanche*, près de Bendorff, après le plus terrible combat, les troupes impériales furent obligées à la retraite. Ce fut dans cette journée qu'on remarqua des actes de valeur et d'enthousiasme qui décidèrent de la victoire. Les Français avaient plusieurs fois attaqué une redoute autrichienne, et toujours ils avaient été repoussés avec beaucoup de perte. Enfin le général en chef accourt vers les grenadiers commandés par le capitaine Gros. « Soldats ! s'écrie-t-il, jurez-moi que vous emporterez cette redoute. » Nous le jurons, dit à l'instant le capitaine, en élevant la main. Les grenadiers en font autant, retournent au combat avec fureur et le choc devient épouvantable. Cependant les Français étaient encore sur le point d'être repoussés quand leur capitaine eut le bras droit cassé; mais cet homme intrépide, souriant d'un air de triomphe, empoigne son sabre de la main gauche, rallie ses soldats, emporte la redoute aux cris redoublés de vive la république ! vive la France !

Les Vendéens s'étant mis en marche pour attaquer Chollet, l'armée républicaine se mit en bataille sur la lande en avant de cette ville, afin de la défendre. Les troupes vendéennes ayant commencé l'attaque en colonnes serrées sur la droite et sur la gauche des républicains, ce premier choc fut si vigoureux que la ligne républicaine en fut ébranlée. Le général Bard est blessé en chargeant à la tête d'une colonne de grenadiers. La garnison de Mayence qui avait été mise en réserve par le général républicain, se porta en avant pour rétablir le combat. Bard, mal-gré sa blessure, rétablit ses grenadiers qui commençaient à céder aux efforts des Vendéens, et leur montrant les colonnes mayençaises qui arrivaient au pas de charge, leur dit : « Camara-des, voulez-vous passer pour des lâ-ches aux yeux de ces braves ? » Les grenadiers, électrisés par ces mots, se reforment et font face à l'ennemi : le combat recommence avec une nou-velle fureur, et les Vendéens sont mis en pleine déroute avant que la réserve arrive au lieu de l'action.

Lorsque les Français s'emparèrent de Fontarabie, ils emportèrent aupa-ravant les positions d'Haya et de Saint-Martial. Tous les corps firent leur de-voir, mais les grenadiers montrèrent la plus vive ardeur dans cette journée mémorable. En gravissant la montagne de Saint-Martial, pleins d'enthousiasme, ils s'écrièrent : « Pour cette fois on parlera de nous à la convention nationale, et on lui fera un rapport de notre conduite. » Pendant l'action un obus espagnol tombe entre un caisson français et une pièce de huit. Deux soldats du premier régiment d'artillerie, ci-devant *la Ferre*, se précipitent sur l'obus dont la fusée brûlait encore ; le premier la coupe avec son sabre, tandis que l'autre couvre de terre l'obus. Ce trait hardi sauva le détachement d'artillerie, que l'explosion du caisson pouvait abîmer.

Le général Moreau ayant formé le dessein de s'emparer de l'île et du fort de l'Ecluse, donna l'ordre au commandant du génie Dejean, de préparer tout pour le passage de Coxische. Le commandant Dejean, qui n'avait à sa disposition que quelques batelets, s'occupait de faire un pont pour ce passage, lorsque la bravoure et l'intrépidité française rendirent pour ainsi dire inutiles tous ces préparatifs. Des colonnes pendant ce temps étaient rassemblées, les unes à Klinkerque, et les autres à Baefs-Polders, pour inquiéter les Hollandais. A la vue des ouvriers du génie, travaillant avec lenteur à la construction du pont, l'impatience de ces braves soldats devint extrême; n'écoutant bientôt plus que leur courage, ils veulent parvenir à l'autre côté du canal, sans le secours du pont de bateaux. Excités eux-mêmes par l'enthousiasme dont ils sont témoins, les généraux cèdent aux désirs des soldats, aux cris redoublés de vive la nation! vive la France!

Aussitôt, sous le feu même des batteries ennemies, au milieu d'une grêle de balles et de boulets, les grenadiers que suivent les chasseurs, s'élancent dans les premiers batelets qu'ils trouvent sous leurs mains, les assujétissent les uns aux autres en les liant avec leurs cravattes et leurs mouchoirs, et vont ainsi affronter l'artillerie des Hollandais retranchés dans l'île, tandis que d'autres Français, plus audacieux encore, se précipitent à la nage au milieu d'un courant extrêmement rapide.

Epouvantés à la vue d'une intrépidité qu'ils ne peuvent concevoir, les Hollandais s'étonnent ; cependant ils redoublent le feu de leur mousqueterie, et mettent à profit leur position et leurs batteries pour se défendre ; mais les Français bravent avec un égal courage, et le feu de la mousqueterie et celui de la mitraille ; ils abordent malgré tous les efforts des Hollandais pour les repousser. Pouvant enfin combattre de pied ferme, nos canonniers qui n'avaient que transporté leurs pièces, se jettent sur les canonniers hollandais, les massacrent, s'emparent des bouches à feu qu'ils tournent contre leurs adversaires, lesquels fuient en déroute avec la rapidité de l'éclair. Les Hollandais se rembarquent à la hâte, pour éviter la poursuite du vainqueur.

Les Prussiens s'étaient fortifiés sur les hauteurs de Werdet et de Freschweiller ; un grand nombre de bouches à feu rendaient les redoutes inabordables : le général Hoche, en parcourant les rangs du corps de l'armée qu'il commandait, crut remarquer quelque hésitation parmi les soldats ; alors il s'écria : « Camarades, à 600 livres pièce les canons prussiens ! » *Adjugé !* répondent les grenadiers ; puis ils courent sur les canons la baïonnette en avant : ce mouvement entraîne toute l'armée. C'est en vain que l'artillerie ennemie exerce d'horribles ravages ; rien ne peut arrêter l'ardeur des Français. La première ligne des redoutes est rompue, les seconds retranchemens sont enlevés, et l'on commence à combattre avec cette arme (1) qui nous est si familière. Une de nos colonnes qui débouche sur la gauche force l'ennemi à changer son plan de défense ; il affaiblit

–––––––––––

(1) La baïonnette.

son centre, et bientôt il voit ses derniers retranchemens envahis.

Dix-huit canons et vingt-quatre caissons sont les trophées de cette journée. Les vainqueurs traînent les canons aux pieds de leur général qui leur paie au prix qu'il y avait mis lui-même avant le combat.

Les Prussiens, vivement poursuivis par nos cavaliers et nos hussards, s'arrêtent sur une position qui leur donne un moment l'avantage ; mais une charge de dragons accourus au secours de notre cavalerie les culbuta. On leur prit six pièces de canon, et l'on fit 1200 prisonniers.

A la bataille de Tourcoing, le courage indomptable des grenadiers français électrisa toute l'armée. Plusieurs de nos généraux s'y couvrirent d'immortels lauriers. Là, ces étrangers qui nous méprisaient, reconnurent que les Français, pour vaincre, n'a-

vaient pas toujours besoin d'un général en chef.

Les alliés avaient quatre-vingt-dix-
mille hommes, nous n'en avions que
soixante mille. Le combat dura long-
temps, et le sang coula en abondance.
Le carnage et la mort planèrent dans
tous les rangs; aucun corps ne fut
ébranlé par cette masse redoutable.
Enfin après une perte immense l'ennemi rétrograda, et les Français tout
rayonnans de gloire entrèrent à Tourcoing.

Les généraux vaincus furent : l'ar-
chiduc Charles, le duc d'Yorck,
Kinski, Wurmser et Clairfait; les
généraux vainqueurs : Magdonald, Bon-
neau, Souham et Moreau. Ce dernier,
vit commencer dans cette journée
cette réputation militaire qui le plaça
au rang des premiers capitaines du
siècle.

Ce fut quelques jours après que le
fort Saint-Elme fut attaqué par l'armée
des Pyrénées orientales. Des batteries
furent portées à bras à travers des

rochers et des précipices. Les pièces furent pointées et servies avec tant d'adresse que bientôt les fortifications ne furent plus qu'un monceau de ruines. Alors l'ennemi abandonna ses retranchemens et se retira dans Collioure, qui, au bout de quelques jours, se rendit à l'armée de la république.

Ce fut après la prise de Collioure que le roi de Prusse écrivit à l'empereur d'Autriche, cette lettre remarquable.

« Il est impossible de sauver votre territoire de l'invasion : les Français ont des armées toujours renaissantes ; et ne vous y trompez pas, leurs généraux ont une bonne tactique qui déconcerte la nôtre et la met toujours en défaut. »

———

Il n'est pas douteux que pendant nos funestes divisions, quand des Français combattaient les uns contre les autres, les succès dûrent être souvent balancés. Après plusieurs avantages remportés par les généraux vendéens, l'armée républicaine était en retraite. Kléber arrivé au pont bâti sur la Sèvres, auprès de Clisson, y fait placer deux pièces de canon, et dit à Schouardin, commandant le bataillon des grenadiers de Saône-et-Loire : « *Faites-vous tuer là avec votre troupe.* — Oui, mon général, répond cet officier avec un sang héroïque. » Schouardin fait servir ses pièces avec vivacité, demeure long-temps immobile à ce poste périlleux, et tel que Léonidas au détroit des Thermopyles, y meurt avec cent des siens ; assurant par ce double dévoûment la retraite des républicains.

Pendant que ce brave, en s'immolant pour son pays, servait de rempart à ses frères d'armes, Kleber avait réuni ses colonnes à l'armée de Mayence, et s'était mis en mesure d'arrêter les Vendéens et de reprendre l'offensive.

Au combat de la croix des Bouquets, Dufour, caporal des grenadiers au premier bataillon de la cinquième demi-brigade d'infanterie légère, avait été fait prisonnier. Quatre Espagnols le conduisaient ; il saute sur la baïonnette de l'un d'eux, en tue trois, prend le quatrième au collet et l'amène prisonnier.

Pendant le combat de Geisberg, dont le succès occasionna la délivrance de Landau, par le général Hoche, une compagnie d'artillerie légère se forme en carré pour recevoir le choc d'un régiment de cavalerie ennemie en plaçant ses pièces au milieu à portée de pistolet. Les pièces sont démasquées, et pendant qu'elles tirent sur la cavalerie, les canonniers qui ne servent point les pièces, chargent eux-mêmes les cavaliers et les mettent en déroute. Ce trait de bravoure et de sang-froid ne fut pas le seul qui signala l'artillerie légère ; elle se couvrit de gloire dans cette journée , et le général lui dut une partie du succès.

Pendant le combat , un tirailleur français tombe blessé loin de son peloton et sous le feu des tirailleurs autrichiens. Un sergent des grenadiers du bataillon de l'Ain se précipite aussitôt entre les deux lignes , vole au blessé et le charge sur ses épaules. Bientôt atteint lui-même d'une balle à la cuisse il tombe sous son fardeau. Quelques tirailleurs se portent en avant et sauvent les deux blessés à travers le feu le plus meurtrier.

———

Plusieurs traits d'une intrépidité sans exemple signalèrent la conquête de l'île de Cassandria. Lális capitaine des grenadiers du seizième régiment se jeta le premier dans un bateau sous le feu de l'ennemi, pour donner l'exemple à ses soldats, et les encourager à le suivre. Tous se précipitèrent sur ses traces, les uns dans les bateaux et les autres à la nage. C'est ainsi que Ventre, sergent-major, Beugni, sergent, et Bouvard, caporal, traînèrent au moyen d'une corde attachée à leur cou, des bateaux chargés de leurs camarades ; et malgré le danger imminent auquel ils s'exposaient, répétèrent audacieusement neuf ou dix fois cette manœuvre.

———————

Parmi quelques faits généraux que nous avons promis de citer, pour prouver que tous les Français sont dignes, par leur valeur, d'être grenadiers, le combat naval du 13 prairial an 2, est l'un de ceux où le patriotisme brilla de plus d'éclat.

L'escadre de Brest, la plus belle que nous eussions alors, forte de vingt-six vaisseaux du premier rang, reçut l'ordre d'aller à la rencontre du général Vanstabel qui amenait de l'Amérique un convoi de subsistance, afin d'empêcher les Anglais de l'intercepter. Les généraux, les officiers, les soldats se rendirent à leur poste ;

tous rivalisèrent de zèle, et Brest offrit en ce moment le tableau le plus animé.

Le signal du départ est donné, les batteries tirent les coups d'honneur, et la flotte est en pleine mer. « Camarades, dit en les quittant, Prieur de la Marne, aux marins du vaisseau amiral, revenez vainqueurs du pavillon anglais. » Nous le jurons! répondent ceux qui l'entendent. « *Vive la patrie! vive la république!* crie Prieur.» *Mort aux Anglais et gloire au pavillon français!* répondent aussitôt l'équipage de la *Montagne* et tous les vaisseaux de la flotte.

Ce noble enthousiasme semblait présager la victoire. Il est probable qu'elle eût couronné la valeur, si l'armée n'eût eu qu'un chef, et si le génie du contre-amiral Villaret-Joyeuse n'eût été enchaîné par le conventionel Jean-Bon-Saint-André.

L'armée navale, qui s'avançait sur trois lignes, avait déjà capturé dix-sept navires portugais et plusieurs cargaisons très-riches. Le port de Brest se trouvait encombré de ses prises : cependant, l'amiral qui tenait la flotte à la hauteur du fort Saint-Mathieu, avait l'ordre d'éviter toute attaque dangereuse ; il était spécialement chargé de veiller à la sûreté du convoi.

Le 28 mai, à midi, une flotte est signalée ; nos marins distinguent vingt-six vaisseaux de ligne : cette vue les remplit de joie. Dans leur premier transport, ils s'écrient : *Les Anglais !* *les Anglais !* Tous les soldats préparent leurs armes ; tous ils témoignent leur impatience de se mesurer avec le fier dominateur des mers. L'amiral anglais How ne paraissait nullement disposé à combattre. Villaret, d'après les instructions qu'il avait reçues, aurait probablement imité cette prudence ; mais Jean-Bon-Saint-André, abusant de l'autorité que lui donnait le titre de *réprésentant*, dans son patriotisme aveugle, voulait une bataille.

Villaret força de voiles et donna le signal ; les boulets qu'on s'envoya d'abord à une assez grande distance , firent peu de mal. Le vaisseau amiral la *Montagne* occupait le centre de l'armée française ; il ne reçut point d'échec ce jour-là ; mais le *Révolutionnaire* , foudroyé sur son bas bord, fut démâté et contraint de gagner Rochefort pour s'y faire remorquer. Le lendemain , les deux armées restèrent quelque temps en présence sans recommencer le combat.

Notre avant-garde fut désemparée , comme elle serrait l'ennemi au feu : notre centre voulut virer pour l'aider d ns son mouvement ; mais l'arrière garde était déjà attaquée par les Anglais , qui nous avaient dépassés. Le vaisseau amiral anglais de 120 canons, monté par How , se jeta sur le centre de notre ligne , et tira sur le vaisseau le *Vengeur* , tandis que le *Bellérophon* et le *Léviathan* qui voulurent l'imiter, furent repoussés par nos bordeés et jetés loin de la flotte anglaise. Une brume épaisse mit fin à l'action et tint les armées séparées pendant deux jours.

Enfin, les brumes se dissipent, et, le premier juin, les flottes se préparent à une action décisive. How donne le signal de l'attaque et l'ordre à chacun des vaisseaux qu'il commande de prendre un des nôtres bord à bord. Préparés aux dangers qui les attendent, nos marins font retentir l'air de chants patriotiques.

L'action s'engage ; on se bat avec toute la rage que peut inspirer une haine réciproque et invétérée. La mêlée devient horrible, et les signaux n'étant plus compris, souvent un vaisseau, au milieu du brouillard produit par la fumée, lâche sa bordée sur un vaisseau de sa nation. Quatre mille bouches à feu qui tonnent à la fois, vomissent l'épouvante et la mort. Tandis que l'Anglais vise à démâter nos vaisseaux, nous cherchons à couler bas les siens. L'amiral anglais avait en vain plusieurs fois attaqué le vais-

seau la *Montagne :* celui-ci l'avait toujours contraint de reculer ; mais une
fausse manœuvre du *Jacobin*, qui
devait couvrir la hanche de notre
vaisseau amiral, le laissa à découvert.
La *Reine Charlotte*, que montait l'a-
miral anglais, profite aussitôt du vide
qui se présente sur la ligne, et suivi de
cinq vaisseaux, dont deux à trois
ponts, elle entoure Villaret. L'amiral
français, foudroyé par l'ennemi reste
quelque temps perdu au reste de la
flotte ; mais, par une menace d'abor-
dage, il force les bâtimens qui l'entourent de s'éloigner, et leur coupe
quelques cordages. Pendant ce temps,
le commissaire, conventionnel, oubliant seul qu'il était Français, était,
dit-on, caché entre les ponts.

Cependant, les vaisseaux anglais,
à la distance où l'intrépide Villaret
les avait fait reculer, combattaient
avec plus d'avantage. La *Montagne*
résista quelque temps encore, mais
n'avait presque plus de défense : son
pont désert n'offrait qu'une arène de

carnage; ses canons étaient démontés; 2,500 boulets avaient frappé son tribord.

Les canonniers font preuve de la plus grande bravoure; ceux qui servent les pièces de chasse sont tués à cinq reprises différentes, et remplacés sans autre ordre que la *voix de l'honneur*. Tout à coup des cartouches éclatent et tuent la moitié des timonniers. Le banc de quart est enlevé sous Villaret. Celui-ci se relève avec sang froid, le fait rétablir et reprend son poste.

La Reine Charlotte se trouvait alors à demi-portée du canon, lorsqu'un brave, Bouvet de Cressé(1), demande à Villaret de balayer le pont de l'Anglais en allant mettre le feu à la caronnade de 36. *Vous vous ferez tuer*, lui répond l'amiral. *Qu'importe?* reprend Bouvet, *si je suis utile à ma patrie*. Sans perdre de temps, il se glisse de de-

____

(1). Ce digne Français qui eut l'honneur de sauver le vaisseau amiral, dirige aujourd'hui une maison d'éducation à Paris.

grès en degrés , au milieu des balles que les Anglais lui lancent avec l'espingole et le pistolet. Il reçoit cinq blessures, mais un succès complet couronne sa vaillance. *La Reine Charlotte* est abîmée par l'effet de la caronnade, et ce n'est que par une prompte fuite qu'elle évite une entière destruction.

Le vaisseau français , le *Vengeur*, avait montré autant de dévoûment que la *Montagne* , attaqué par le *Brunsvick* et deux autres bâtimens anglais. Déjà la moitié de l'équipage est emportée par la mitraille ; ce qui reste de braves , loin d'être découragé par la vue des morts qui couvrent le pont , opère des prodiges de valeur. Le *Brunsvick* , qui ne peut soutenir l'impétuosité de leur charge, est obligé de s'éloigner. C'est alors que les deux autres vaisseaux redoublent d'efforts ; le *Vengeur* perd sa mâture, et percé de toutes parts , il fait eau à fond de cale. Dans cette extrémité , les Français qui montent le *Vengeur* ne songent point à se

rendre ; ils ne cherchent point à sauver leur vie. Par une résolution dont
l'antiquité n'o fre point d'exemple,
ils lâchent leur bordée et s'abîment
dans les flots, au son d'une musique
guerrière, et aux cris mille fois répétés de vive la république ! vive la liberté de la France !!!

Chénier et Lebrun ont célébré ce
dévoûment héroïque dans des stro-
phes dignes de le transmettre à la postérité.

Chaque vaisseau français fut, dans
ce jour mémorable, le théâtre d'une
foule d'actions glorieuses déjà recueil-
lies par l'histoire : ne pouvant parler
de toutes, nous citerons seulement
le trait suivant :

Lehir, second capitaine du *Ven-*
geur, a la jambe fracassée par un
biscaïen ; on le presse de descendre
pour se faire panser : « *Non*, dit-il,
j'ai juré de mourir à mon poste. » Un
moment après, un boulet ramé lui
coupe les reins ; il meurt en s'écriant :
« *Courage, mes amis, vengez-nous !* »

Custines voulait s'emparer de Mayence ; l'entreprise paraissait téméraire ; il n'avait que vingt-cinq mille hommes ; mais il comptait sur quelques intelligences avec les bourgeois de cette ville, et sur-tout sur la valeur française. On reconnaîtra l'esprit de ce général, qui peint au naturel celui de nos grenadiers, dans la lettre qu'il adressa au gouverneur de Mayence, pour le sommer de rendre la place. La voici :

« Monsieur le gouverneur, mon désir de ménager le sang est tel, que je céderais avec transport au vœu que vous témoignez d'obtenir jusqu'à demain pour me donner votre réponse ; mais l'ardeur de nos grenadiers est telle que je ne puis plus la retenir. Ils ne voient que la gloire de combattre les ennemis de la liberté, et la riche proie qui doit être le prix de leur valeur ; car, je vous en préviens, ce n'est point une attaque régulière, c'est une attaque de vive force à laquelle il faut vous attendre, non-seu-

lement elle est possible ; mais elle est
sans danger : aussi bien que vous je
connais votre place et l'espèce de troupes qui la défendent. Epargnez le sang
de tant de victimes innocentes, de tant
de milliers d'hommes. Notre vie sans
doute n'est rien ; accoutumés à la prodiguer dans les combats , nous savons
la perdre tranquillement. Je dois à la
gloire de ma république , qui jouit de
l'impuissance des despotes qui vou-
laient l'opprimer , et qui les fait fuir
devant les enseignes de la liberté , de
ne pas enchaîner l'ardeur de nos braves
soldats , et je le voudrais en vain. »

Le gouverneur, intimidé, tient deux
conseils de guerre , et le lendemain
Mayence fut rendu. Il y avait cependant dans la place cinq mille hommes
de bonnes troupes , et plus de deux
mille bourgeois disposés à les soutenir ; les fortifications étaient dans le
meilleur état de défense.

Le directoire de la république fran-

çaise, voulut en 1798 forcer les Suisses
à se soumettre à la constitution française ; mais ceux-ci, attachés à leurs
antiques lois, coururent aux armes
pour les défendre et se soustraire à la
rapacité des agens directoriaux. Ils se
réunirent au nombre de six mille, et
rebelles à toute proposition concilia-
toire, ils se placèrent, pour attendre
les assaillans, derrière la Merge, dans
une excellente position. C'est là que
le général Lorge fit leur rencontre.
On en vint aux mains, le combat fut
terrible. Placés sur des hauteurs es-
carpées, les Suisses défiaient les Français qui, pour gravir, enfonçaient
leurs baïonnettes dans les fentes des
rochers, et qui essuyaient non-seulement le feu de l'ennemi, mais encore
la chute redoublée d'énormes quartiers de ces mêmes rochers que la fureur helvétique lançait contre eux.
Les Valaissans ne rentrèrent dans Sion
qu'après avoir blessé presque tous les
grenadiers du directoire.

Cette ville préparait aux Français

la plus cruelle perfidie : à leur approche on y avait arboré le drapeau blanc. Ce signe de paix attira des grenadiers et des hussards jusqu'au pied des murailles ; mais à peine furent-ils à distance convenable , qu'une décharge de mitraille et de mousqueterie emporta un officier et plusieurs soldats. Les grenadiers indignés d'une pareille trahison , devinrent furieux : en vain le général voulut les contenir ; des échelles sont plantées et les portent sur les remparts. Le courage opiniâtre des assiégés , ni la grêle des balles qu'ils font pleuvoir par toutes les fenêtres, ne peuvent sauver ces malheureux : le vainqueur irrité n'épargne rien. Huit cents Valaissans furent victimes de leur perfidie. Les Français prirent sept drapeaux et huit pièces de canon.

A la bataille de Bergen , en Hollande , où l'armée anglo-russe , commandée par le duc d'York , fut mise

en déroute par l'armée franco-batave,
aux ordres du général Brune , les Russes , que les Anglais avaient eu soin de
mettre en avant , enfoncés par les grenadiers français , que dirigeait Vandamme , se battirent en désespérés.
Le général Hermann , leur chef, guerrier estimé , au milieu de la mêlée , se
trouve en face d'un grenadier français
qui le saisit au collet et le fait prisonnier. Hermann lui offre sa bourse en
le suppliant de le laisser aller. « Je ne
me bats pas pour de l'argent , répond
le grenadier , mais pour la gloire ;
marchons ! »

L'affaire avait été meurtrière , et le
champ de bataille couvert de mourans;
quelques Français s'occupaient à rele-
ver les blessés , Anglais et Français
indifféremment. Un officier leur dit :
« Soldats, pourquoi vous amusez-vous
à ramasser ces gueux ? Il est temps
d'aller manger la soupe. — « A-t-on
faim , répond un grenadier , quand il
reste de belles actions à faire ? eh ! n'en
faisons-nous pas deux à la fois ? en con-

9

servant la vie à un Anglais blessé, nous remplissons **un** devoir d'humanité, et nous tirons des prisons d'Angleterre un de **nos** malheureux camarades. »

Les succès de Bergen firent sur les Français et les alliés un effet bien différent ; car tandis que les uns reprenaient confiance et se félicitaient avec les Hollandais de s'être mutuellement bien secondés, les Russes accablaient les Anglais de reproches, et se plaignaient, avec raison, d'avoir été seuls exposés au péril du combat. L'exaspération fut poussée au point que plusieurs officiers russes ne voulurent pas être confondus avec les Anglais dans la même prison. Le général russe, Hermann, écrivit au duc d'York en ces termes : Général duc, nous aurions infailliblement gagné la bataille, si j'avais été secondé par les Anglais ; mais vous ne commandez qu'à des lâches. »

Le général Brune, en rendant compte de cette victoire au gouvernement français, employait un langage bien différent ; voici comme il s'exprimait :

« Les troupes que les armées française et batave ont combattues, étaient
beaucoup plus fortes ; mais que fait le
nombre quand on peut compter dans
les rangs beaucoup d'hommes tels que
ceux dont je vais vous rapporter les
traits de bravoure ? Jean Marie, grenadier du troisième bataillon de la
48ᵉ demi-brigade , prend une pièce de
canon servie par quatre canonniers
anglais, en tue deux, et force les deux
autres à traîner avec lui cette pièce
jusqu'à la colonne batave. Bonhomme,
caporal à la 42ᵉ , prend à lui seul deux
officiers russes, et les conduit au quartier-général. Si on voulait parler de
tous les braves, il faudrait citer les
noms de tous les soldats qui composent l'armée du Nord. Les Bataves se
sont montrés dignes de leurs alliés. »

L'ennemi eut trois mille hommes
tués ; nous fîmes aux Russes dix-sept
cents prisonniers, tous grenadiers ;
vingt-cinq pièces de canon tombèrent
aussi en notre pouvoir.

Le village de Flines est situé au-delà de l'Escaut ; les Autrichiens avaient coutume d'y venir manger la poule. Le 27 août, jour de la fête patronale, le général de l'armée française, Beurnonville, dès onze heures du matin, mit en embuscade, avec le plus grand silence, un bataillon de flanqueurs. Quelques officiers et une vingtaine de grenadiers français, se joignant aux paysans, vont après les vêpres faire danser les filles du village. La forêt qui n'est qu'à portée de carabine retentit du son du tambourin, des timballes et des clarinettes ; c'était la musique du premier bataillon de Paris. « *La musique adoucit les ours*, dit le général Beurnonville, dont nous copions le récit. » Les Autrichiens sortent de leurs tanières et viennent à l'assemblée. Des hussards, des chasseurs et des soldats de Murray projettent de venir en force et de se rendre maîtres du bal : nos grenadiers, quand ils paraissent, semblent avoir peur, et ont même l'air de prendre la fuite.

Les membres du complot sortent des trous et des fossés, et fondent sur le bal. Les flanqueurs français, qui étaient cachés derrière des haies, paraissent alors, et changeant le ton de la musique, ils font pleuvoir une grêle de balles sur les assaillans, que l'on poursuit jusques dans leurs antres. Les officiers et les grenadiers n'interrompirent point le bal : douze Autrichiens furent tués et plus de deux cents blessés, de manière à se souvenir long-temps de la fête du village de Flines.

Après cette petite sérénade donnée aux Autrichiens, les flanqueurs dansèrent à leur tour. Ce fut ainsi que les Français, chez qui le plaisir s'allie à la gloire, apprirent à l'ennemi à respecter leurs amusemens.

Ancone et toutes les villes de cette province s'étaient révoltées contre les Français; le brave général Monnier, à la tête de ses grenadiers, reprit d'as-

saut sept de ces villes, en vingt jours.
Sinigaglia, l'une d'elles, qui s'était signalée par des actes de violence,
éprouva un bombardement. Nos grenadiers en fureur ne parlaient que de
la mettre à feu et à sang ; mais quand
ils y furent entrés, et qu'ils virent ses
rues solitaires, ses édifices renversés,
ses maisons écrasées, le feu consumant
le reste de ses toits ; quand cette po-
pulation naguère si opulente, et de
son industrie maritime et de son mar-
ché annuel, s'offrit avec les haillons de
la misère devant eux ; quand ses ma-
gistrats abattus, ses puissans détrom-
pés se jetèrent aux pieds du général
Monnier, en implorant miséricorde,
une compassion céleste amollit le cœur
des guerriers, ils laissèrent tomber
leurs armes.

Ces infortunés, qui, par la crainte
d'un juste châtiment, avaient opposé
une assez longue résistance, étaient
affaiblis par la faim. Le soldat partagea
avec eux ses distributions : ils étaient

nuds (1), les sacs du soldat furent ouverts ; ils redoutaient la mort, la consolation leur vint du soldat. On donnait en français, on remerciait en ita-
lien ; mais on s'entendait. Voilà donc
encore un de ces traits qui l'emportent
infiniment sur l'art de disperser des
bataillons et de renverser des murailles, et qui ajoutent à la gloire immortelle des grenadiers français.

———

À l'armée des Pyrénées occidentales,
le deuxième bataillon du Tarn attaque
une redoute espagnole. Leyrac et sa
femme, tous deux grenadiers, marchaient ensemble contre une batterie.
Cette femme voit expirer son frère et
tomber son mari ; elle s'écrie : « Avant
de vous secourir, il faut que je vous
venge. » Elle se presse, entre la première dans les retranchemens : la redoute est emportée. Dix-neuf cartou-

---

(1) Les Russes qu'ils avaient appelés à leur secours, les avaient pillés et abandonnés.

ches qu'on lui avait remises avant le combat étaient épuisées; elle abat un ennemi à ses pieds et s'empare de sa giberne : elle poursuit les Espagnols, et ne quitte le champ de bataille que lorsqu'il retentit des cris de victoire.

Elle pleure son frère après l'avoir vengé, porte elle-même son mari dans l'hospice des blessés, et n'en sort qu'avec lui pour joindre son bataillon.

Dans un combat où les Autrichiens furent vainqueurs, un grenadier français, percé d'une balle, s'écrie : « Je mourrais content pour mon pays, si je ne redoutais de tomber vivant entre les mains de nos ennemis. » — Nous ne sommes pas vaincus, » lui répond un canonnier dont les boulets viennent d'être épuisés. Il tire son canon à poudre, et feint de combattre toujours. Ce vain bruit trompe la douleur du grenadier, tandis qu'il expire, et lui sauve le regret de se croire vaincu.

Lorsqu'au mois de juillet 1796, le général Joubert s'empara des gorges du Tyrol, on vit, parmi les soldats français, des actions dignes d'un courage extraordinaire.

Déjà, le plus intrépide des braves, Claude Roche, était entré le premier dans les lignes de l'ennemi, tenant un officier autrichien d'une main, perçant de son épée un autre Autrichien, et faisant trois prisonniers. Ce brave, dédaignant leur dépouille, la laissa et préféra la gloire d'emmener ces cinq individus après les avoir vaincus. C'était le moment des traits héroïques : Jean Guérin, sur la même ligne, tombait, au même instant sur douze impériaux. D'abord, il les vise, le fusil manque ; par un mouvement aussi prompt que le clin d'œil, il a déjà mis le sabre à la main, et coupé le bras au premier qui s'est avancé; cette audace confond et intimide les autres : ils se rendent.

Tous les grenadiers de cette colonne étaient animés d'une même ardeur. Ils

exterminent tout ce qui se présente :
tout fuit à leur aspect ; la terre est
couverte de morts ; tous les bagages
sont au pouvoir des Français : tandis
que quelques troupes emportent ces
fameux retranchemens que les Autrichiens avaient pris tant de peine à
établir, et qu'ils regardaient comme
inexpugnables, une colonne française
s'emparait de Bellone, dont l'heureuse
position fut disputée, mais qui ne put
résister long-temps à la valeur de nos
soldats invincibles.

Lorsqu'au mois de juin 1795, les
Anglais eurent débarqué, dans la presqu'île de Quiberon, tous les anciens
officiers de la marine française et ceux
du corps royal d'artillerie, sans doute
pour les sacrifier, puisqu'après la déroute, au lieu de protéger leur retraite, ils tirèrent sur les fuyards qui
charchaient à regagner les vaisseaux ;
les émigrés débarqués s'établirent prin-
cipalement au fort Penthièvre qui, par

sa situation et son état de défense pouvait leur donner le temps d'attendre de nouveaux renforts. Leur petite armée qui devait être le noyau de celle de la Vendée, était formée de soldats recrutés en Angleterre , et de quelques déserteurs de l'armée républicaine. Leurs principaux chefs étaient MM. de Puissaye , de Sombreuil et d'Hervilly : le dernier venait d'être tué dans un combat , les autres battaient la campagne ; le comte d'Atilli commandait daus le fort.

Deux transfuges , nommés Nicolas Lette et Antoine Mauvage , sergens-majors du quarante-unième régiment, passent dans le camp des républicains, se font conduire au général Hoche et l'instruisent que les déserteurs incorporés dans le régiment Royal-Louis ont formé le complot de lui livrer le fort Penthièvre, et qu'ils ont pris leurs mesures pour ne pas manquer leur coup. « La forteresse, disent-ils, ne ferme pas tellement l'isthme qu'on ne puisse le tourner à marée basse et à la faveur de la nuit. Nous avons même découvert à la faveur des rochers qui défendent la redoute, un sentier où nons guiderons les troupes, et tandis que nous escaladerons le fort, nos amis égorgeront les canonniers à leurs pièces. » Ce projet hardi, qui n'était garanti que par deux transfuges, donna de la défiance au général Hoche, qui les questionne et fait en sorte qu'ils se coupent, mais ils sont imperturbables : ils le pressent, le conjurent d'envoyer ses troupes, et promettent le mot d'ordre.

Hoche, à la fin persuadé, assemble le conseil de guerre : en présence des commissaires de la convention, il fait part du projet des transfuges, et développe le plan de l'opération. Les ingénieurs ne regardent pas l'assaut comme possible; ils y trouvent des difficultés insurmontables, et sont d'avis qu'on ne peut s'emparer du fort sans ouvrir la tranchée. Hoche répond : Que sont les règles de l'art dans cette circonstance ? Il nous faut de l'audace, l'armée manque de tout: voyez avec quel empressement les Bas-Bretons courent au devant de nos ennemis. Les émigrés ne sont-ils pas sur une terre amie et hospitalière? Jamais la haine aveugle des habitans de ces contrées ne s'est montrée avec tant de fureur. Attendrons-nous pour agir, que les émigrés aient reçu d'autres renforts? S'il leur en arrivait, je déclare que je ne répondrais plus du salut de l'armée. »

Le commissaire du gouvernement, Tallien, parla dans le même sens, et le projet d'attaque passa à l'unanimité; il ne fut plus question que de faire les dispositions nécessaires. Tout était favorable pour l'exécution : le temps était orageux, une brume epaisse couvrait la côte, et dérobait aux émigrés nos préparifs. D'ailleurs la mer était grosse et houleuse, et un vent furieux forçait les canonniers qui protégeaient le camp de se tenir au large. Hoche divisa l'élite de son armée en trois corps d'environ mille hommes

chacun ; et donna l'ordre suivant :
« L'adjudant-général Humbert à la
tête de cinq cents hommes d'avant-
garde, marchant sur deux files , suivra
la laisse de la basse-mer , pour tourner à la fois le fort de Kerousten. »
Le but de cette disposition était de
s'opposer aux mouvemens que pouvait faire l'ennemi , cantonné dans
la presqu'île. Soutenu par le reste de
l'avant garde aux ordres du général
de brigade Botta, Humbert dirigerait
sa troupe sur le fort , franchirait les
palissades , égorgerait tout ce qui ne
se joindrait pas à lui; d'un autre côté ,
l'adjudaut-général Menage conduira
trois cents grenadiers le long de la
mer , écrasera les grand' gardes ennemies , s'avancera jusqu'au pied du
fort , montera à l'assaut, et passera
au fil de la baïonnette tout ce qui lui
résistera. Il sera soutenu par la colonne du centre aux ordes du général
Valletaux , qui attaquera en même
temps avec le gros de l'armée. La
garde du camp sera confiée au général

Lemoine qui prêtera main-forte aux assaillans; le cri de ralliement sera: *A bas les armes ! à nous les patriotes* !

On attendait le mot d'ordre ; un transfuge l'apporta, et l'attaque fut fixée pour le 20. Il était onze heures du soir ; les colonnes sorties du camp se mettent en marche, lorsqu'une affreuse tempête accompagnée de tonnerre, d'éclairs, de coups de vent et d'une pluie épouvantable, les déroute, les confond, et les jette dans le plus horrible désordre. Les soldats ne se reconnaissent plus ; ils reconnaissent encore moins les officiers, qui font de vains efforts pour les rallier: ils les pressent, ils les invitent, ils les conjurent ; mais inutilement : ils ne peuvent se faire entendre ; ce n'est pas pour se faire obéir. Hoche, malgré l'obscurité, parvient, à l'aide de son sang-froid, à distinguer les corps ; il reconnaît les officiers, les exhorte à ne pas se rebuter ; il encourage le soldat, et parvient enfin à rétablir l'ordre.

L'orage cessa ; le temps devint se-
rein ; et vers deux heures après minuit , la colonne du centre se trouve
aux pieds des premiers retranchemens. Les postes sont surpris , les
sentinelles égorgées, l'alarme se répand sur toute la ligne autour du fort.
Les émigrés, foudroyaient , du haut
du fort, les républicains , qui, n'ayant
point d'artillerie , et ne pouvant faire
usage de fusils , parce que l'humidité
empêchait les amorces de prendre,
sentirent que leur salut dépendait des
baïonnettes ; mais il fallait être à
même de les employer. Les généraux
Valletaux et Humbert arrivent, au
pas de charge , sur les points qui leur
ont été indiqués ; mais leurs colonnes
sont aperçues par les chaloupes canonnières qui gardaient le rivage. Le
feu croisé de leurs batteries et du
fort , foudroyant les républicains , et
rendant l'assaut impossible , le découragement se met encore une fois
dans leurs colonnes , qui s'ébranlent
et rétrogradent : au même instant, le

général Botta est blessé d'un coup
de biscaïen, et mis hors d'état de
continuer la manœuvre. Ce contre-
temps augmenta le découragement
des troupes, qui déjà reprenaient
tristement le chemin de leurs lignes,
lorsque tout à coup on entendit du
côté du fort un bruit sourd et confus.
« Ce sont, disent les soldats, les
nôtres qui ont pénétré. » En effet, le
général Hoche et les commissaires
ayant jeté les yeux sur le fort, virent
flotter le drapeau tricolore à la place
du drapeau blanc. C'était le général
Ménage, qui, avec ses trois cents
braves, avait filé le long des côtes,
à travers les flots, et s'était glissé de
rocher en rocher, jusqu'au pied de la
forteresse qu'il avait escaladée sous le
feu des chaloupes anglaises.

A la première alerte, les officiers
et les canonniers étaient accourus à
leur poste ; mais il était trop tard, les
républicains étaient déjà maîtres du
fort ; et tout y était dans le plus grand
désordre ; les canonniers étaient égor-

gés sur leurs pièces, et les officiers massacrés par leurs propres soldats. Le comte d'Attili, commandant du régiment Royal-Louis, fut une de leurs premières victimes. Menage, le sabre à la main, renversait tout ce qui faisait résistance, et se faisait jour à travers les émigrés et les républicains qui étaient aux prises; il va lui-même ouvrir les portes de la forteresse au général Hoche, qui le fait général sur le champ de bataille.

———

Le général Championnet, qui n'avait avec lui que quatorze compagnies de grenadiers, fut chargé de s'emparer de Dusseldorf. Cette ville défendue par une garnison nombreuse que soutenait un camp retranché de quinze mille Autrichiens, avait une citadelle hérissée de cent cinquante bouches à feu. Sa prise était de la plus grande importance pour favoriser les opérations de l'armée française. Championnet avait marqué l'endroit où ses grenadiers et son artillerie devaient passer le Rhin : averti qu'au milieu il se trouvait un banc de sable , il fallut faire remonter ses nacelles ; enfin le 4 septembre , à onze heures du soir , le général dit à ses soldats rassemblés sur la rive : « Compagnons de mes périls , demain au soleil levant nous serons à Dusseldorf, ou nous serons morts glorieusement pour la patrie. »

Les grenadiers et l'artillerie entrent dans les nacelles ; elles sont aperçues par l'ennemie , qui , à la clarté de la lune , dirige sur elles des batteries dont le feu continuel semblait embraser les eaux du fleuve. Le danger était imminent ; d'éjà plusieurs barques avaient coulé à fond. Cependant le général déclare que tout soldat qui fera feu pendant la traversée sera fusillé. Il faut se résigner à recevoir la mort sans la renvoyer à l'ennemi. O triomphe de l'héroïsme ! aucun soldat ne désobéit. Les grenadiers français intrépides et calmes , au

risque d'être frappés des éclats de la
foudre, s'avancent vers le lieu d'où
partent les éclairs.

Impatient de se mesurer avec l'ennemi, le général Legrand se jette à la
nage ; le capitaine Penne l'accom-
pagne : « Camarades, s'écrient.ils.
suivez nous. Un bataillon entier imite
cet exemple, et l'ennemi étonné de
tant d'audace s'enfuit dans le bois.

Des cris de victoire qui partent du
rivage sont répétés sur la flotille qui
aborde, et le reste de la troupe dé-
barque. Les impériaux, que le premier
choc a mis en déroute, sont poursuivis avec une rapidité étonnante ; leurs
batteries sont en notre pouvoir, et
et déjà le général Legrand est sur les
glacis de Dusseldorf. Quoique l'ennemi fasse un feu épouvantable, les
Français se serrent, marchent toujours en avant, et font des prodiges
de valeur. Le comte d'Erback essaie
en vain de faire avancer la réserve :
la crainte de la mort a glacé le courage des soldats autrichiens; partout

Ils jettent leurs armes, en demandant à genoux la vie à leurs vainqueurs.

Le général Championnet, qui, de son côté, mettait à profit les instans, canonnait et bombardait Dusseldorf, tandis que le général Legrand sommait le gouverneur, et ne lui donnait que dix minutes pour se rendre. Obligés de se rendre à leur valeur, les deux mille hommes de la garnison, imitant les soldats du camp, mettent bas les armes devant *sept cents grenadiers français*. Alors la division victorieuse, put sans obstacle opérer sa jonction avec le corps d'armée du général Kleber

Tout ce qui peut honorer une armée et son chef, se trouva réuni dans cette action ; sagesse dans le plan, audace et précision dans l'exécution; hardiesse singulière dans les soldats, qui se distinguèrent tellement tous, qu'on y remarqua à peine le sergent-major Baltazard, enlevant, avec cinq canonniers, deux pièces de canon aux Autrichiens, après avoir tué tous les artilleurs employés à les servir.

On trouva dans la place 168 pièces d'artillerie, 10,000 fusils, et des munitions de toute espèce.

—————

Au combat de la Bidassoua, un grenadier d'Angoumois eut le bras emporté d'un coup de canon. L'adjudant d'Arnaudet lui adressait quelques paroles de consolation. « Ne me plaignez pas, dit le brave militaire, *j'ai encore un bras pour servir ma patrie.*» Aubry, de la Haute-Garonne, blessé d'un éclat d'obus, dit à ses camardes qui le relevaient du champ de bataille pour le transporter à l'ambulance : « *Amis, nous sommes vainqueurs ; ma blessure ne me fait plus de mal.* » Dougados, sergent-major des grenadiers au 2e. bataillon du Tarn, tombe d'un coup de fusil qui lui traverse le corps ; ses camarades veulent l'emporter : « *Allez à votre poste,* leur dit-il, *vous vous devez à la patrie avant de penser à moi.* »

De pareils traits démontrent qu'à cette époque la patrie n'était pas un vain mot. Il n'est pas étonnant que les Français qui mettaient leur gloire à mourir pour elle, aient fait trembler tous ceux qui osèrent attaquer son indépendance.

———

Après la belle résistance de Landau, lorsque les succès du général Hoche eurent fait débloquer cette ville, et que les commissaires de la convention y entrèrent à la tête d'une colonne française ; la garnison était sous les armes : l'un des commissaires voulant la féliciter sur la belle conduite qu'elle avait tenue, dit, en s'adressant aux officiers : « Vous êtes une garnison bien étonnante ! *Etonnante !* répondit avec une noble énergie un lieutenant de grenadiers : « *Eh ! citoyen, qu'y a-t-il donc d'étonnant à faire son devoir ?* »

Le nommé Duquesne , grenadier au cinquième régiment de ligne , signalé pour sa bravoure , eut la jambe fracassée par un boulet parti des remparts du Quesnoy, pendant le siége de cette ville. Ce brave se trouvant alors dans la tranchée, ses camarades interrompirent leur travail, s'empressant autour de lui pour le secourir ; mais il ne voulut accepter le bras d'aucun, et les renvoya tous à leur poste. Se traînant ensuite péniblement jusqu'à l'ambulance, il souffrit avec le sang-froid le plus héroïque l'amputation qu'on lui fit. « Ce n'est pas ma jambe que je regrette , dit-il au chirurgien chargé de l'opération ; ce qui m'afflige davantage , c'est de me trouver dans l'impuissance de concourir désormais avec mes braves camarades à la reprise de Valenciennes , quand le Quesnoy sera tombé en notre pouvoir. »

Le général Desaix, n'ayant avec lui que peu de troupes, fut attaqué par les Autrichiens, dans ses positions près de Schefferstadt. Après trois heures d'un combat opiniâtre, les Français commençaient à plier, lorsque Desaix, faisant avancer quelques compagnies de grenadiers, qu'il avait jusqu'alors tenues en réserve, rétablit le combat et rendit inutile la tentative de l'ennemi sur ce point. Au moment où le général s'avançait pour réparer l'échec que venait d'éprouver une partie de ses troupes, un officier, en lui rendant compte du succès des Autrichiens, lui demanda ce qu'il ordonnait: « La retraite de l'ennemi », lui répond brusquement Desaix, en continuant sa marche. Guidés par lui, les Français forcèrent en effet le prince de Hohenlohe à se retirer, et gardèrent toutes les positions qu'ils occupaient avant le combat.

Vainqueur de Figuières, le général

Pérignon résolut de s'emparer de Roses. Cette ville, l'une des plus belles
de la Catalogne, est située dans une
plaine au fond d'un golfe qui porte
son nom : fortifiée par la nature et par
l'art, elle n'avait jamais été prise sans
le secours d'une armée navale. Indépendamment de sa citadelle, le château de la Trinité, bâti sur le revers
l'une montagne escarpée, commande
et défend par sa position la ville et le
port. Ce château est connu sous le nom
de *Bouton de Roses*. Les deux forts,
qui peuvent communiquer ensemble,
avaient une garnison d'environ six
mille hommes, et l'amiral espagnol
Longara se trouvait dans le port avec
une flotte de treize vaisssaux de ligne
et quarante-cinq bombardes. Par ce
moyen, la ville pouvait recevoir à
chaque instant de nouveaux secours,
ce qui rendait la réussite incertaine,
et laissait pressentir que le siége serait
tres long; mais Pérignon commandait
a des soldats français, qui plus est, *à*
des grenadiers !

Non loin se trouvait une montagne à pic, élevée de deux mille toises au-dessus du niveau de la mer. A sa cime était un plateau d'où l'on dominait la ville, la rade et le *Bouton de Roses*. Le général jugea qu'il fallait y placer des batteries ; mais les ingénieurs déclarèrent la chose impossible : *C'est l'impossible que je veux*, dit Pérignon. Alors toute l'armée se met à l'ouvrage, et malgré les pluies et les frimats, un chemin de trois lieues est taillé dans les flancs de la montagne. Les canons sont montés à la prolonge sur un rocher presque perpendiculaire, dont on ne peut contempler la hauteur sans effroi. Les bombes et les obus, portés sur la selle, parviennent à ces sourcilleuses sommités, où des batteries de canon sont établies.

La hardiesse et l'activité du soldat français causèrent aux Espagnols une telle surprise, qu'ils semblaient déjà vaincus lorsque la tranchée fut ouverte. Cependant leurs forts et leur flotte firent un feu effroyable, et tel, qu'il ne fallait rien moins que la bravoure française pour ne pas en être découragé. Tandis que l'intrépide Pérignon commandait des manœuvres assis un quartier de rocher , une bombe lancée du fort de la Trinité, éclate près de lui et brûle un pan de son habit. C'est en vain qu'on lui crie de se retirer: il contemple sans pâlir ces éclats meurtriers qui menacent sa tête et viennent mourir à ses pieds.

Ce courage à toute épreuve et ce souverain mépris de la mort remplirent d'admiration l'armée française. L'exemple de son général lui fit supporter sans murmures toutes les privations et toutes les fatigues occasionnées par un long siége et un hiver très-rigoureux.

Les assiégés n'éprouvaient aucune disette , et la place , au moyen de l'escadre, était abondamment pourvue de tout. Nos ingénieurs avouèrent que l'art ne leur offrait plus de moyens, il n'y avait plus que celui d'emporter les retranchemens. « *Préparez-vous,* dit le général Pérignon, *demain, à cinq heures du matin, je serai à la tête des grenadiers.* » A l'heure indiquée il marche, l'assaut est livré, et le général entre le premier par la brèche. Ses soldats le suivent la baïonnette en avant; et malgré le feu de la mousqueterie, des canons et des bombes, à huit heures du matin tous les retranchemens sont emportés.

Tout fuyait devant les vainqueurs; la garnison se rembarqua précipitamment, ne laissant que cinq cents hommes qui se rendirent à discrétion. La flotte espagnole avait levé l'ancre.

C'est ainsi que, grâces au courage, à l'intrépidité et à la valeur, la clef de la Catalogne fut remise aux mains des Français le 2 janvier 1795.

A l'attaque des hauteurs de la montagne de Hannes, que garnissait une artillerie immense; au moment où le général Pully, disposant ses soldats au pied de la montagne, allait comman-

der le pas de charge, un Français, déserteur du camp des Autrichiens, arrive et se jette au cou du général, lui
demande sa liberté, et surtout le con-
jure de ne pas attaquer une montagne
aussi fortifiée et défendue par trois
mille hommes d'élite. Pully n'en avait
que douze cents, mais la plupart *artilleurs* ou *grenadiers*. Il dit au soldat
déserteur : Suis-moi, si tu veux mériter ta liberté. En même temps le général donne le signal. Ses troupes,
animées par son exemple, gravissent
la montagne au pas de charge ; en un
moment elle est franchie : les canonniers ennemis sont assommés sur leurs
pièces, « et les trois mille Autrichiens
cèdent la place aux douze cents Français », qui restent maîtres de presque
toute leur artillerie.

Après la prise de Dusseldorf, Championnet s'avança vers la Nidda, et attaqua le village de Costhein, près de
Cassel, toujours avec ses grenadiers.

Ce poste fut pris et repris six fois. Le canon de Cassel, les batteries flottantes du capitaine Williams, sur le Mein, rompaient les rangs des Français qui se réformaient aussitôt. L'ennemi acharné pour se défendre, ne fut définitivement chassé du village qu'à la nuit. Il en sortit à travers des ruines et des cendres enflammées.

Dans ce combat terrible et l'un des plus meurtriers soutenus par nos armes, un officier de la 59ᵉ demi-brigade, fait prisonnier, s'aperçoit que nos tirailleurs cessent leur feu dans la crainte de le blesser ; il s'écrie d'une voix forte, au milieu des soldats autrichiens qui l'entraînent : *camarades, tirez toujours !* On se battit corps à corps. Les soldats désarmés employaient les dents, dans leur fureur, comme des armes offensives.

Tout l'état-major de Championnet a vu à l'hôpital d'Hochein, un soldat français qui avait un doigt coupé par les dents d'un Autrichien.

Au combat des Gonaïves (Saint-Domingue), toutes les divisions françaises, marchant dans des sables brûlans, gravissant continuellement des mornes escarpés où nulles routes n'étaient frayées, avaient perdu leur artillerie. Le général Leclerc, étonné de voir que Desjourneaux seul avait conservé toute la sienne, lui demanda par quel prodige il l'avait ramenée. « Je me suis attelé avec cent soldats à un obusier, lui répond Desjourneaux, j'ai fait venir tous les commandans des colonnes : Allez dire à vos soldats, me suis-je écrié, que votre général est attelé à un obusier, que désormais rien ne doit arrêter la marche de l'artillerie. » Cet exemple fit une telle impression, que les soldats dételèrent les mulets, et l'artillerie traînée par eux fut toute conservée.

Lorsqu'en 1796, l'escadre qui portait l'armée française destinée à envahir l'Irlande, sous la conduite du général

Hoche, eut été battue et dispersée par la tempête, quelques expéditions partielles se formèrent pour le même but: on en vit une de ce genre partir de Rochefort le 6 août 1798. Mille trente-deux hommes mirent à la voile sur deux frégates et un vaisseau rasé, commandé par le capitaine Savary.

Cette escadre, après avoir navigué pendant quinze jours, entra enfin dans la baie de Killala en Irlande, où l'on mouilla le plus près possible pour la facilité du débarquement. Le général Humbert donna à deux heures le signal pour descendre à terre, et bientôt les troupes y furent rendues. Le premier soin des Français en abordant la terre d'Irlande, fut de transporter à bras l'artillerie au travers des rochers: elle consistait en quatre pièces de campagne, quatre caissons de cartouches, trente milliers de poudre, trois mille habits avec l'équipement complet pour trois mille Irlandais. Les grenadiers français, ayant à leur tête l'adjudant-général Sarrazin, à peine débarqués se portèrent sur Killala, et sans daigner répondre à la fusillade de l'ennemi, ils chargèrent ce poste avec tant d'impétuosité, baïonnette en avant, qu'il fut obligé de se replier. Deux cents hommes seulement défendaient Killala ; à l'exception de 27 qui prirent la fuite, tout fut pris ou tué. Le commandant de l'expédition envoya au directoire un officier et vingt-cinq prisonniers anglais, preuve de ses premiers succès.

Dans une reconnaissance faite par le général Sarrazin, il rencontre une colonne de quatre cents cavaliers anglais ; il les fit attaquer par ses grenadiers qui les mirent bientôt en déroute. Pendant ce temps, beaucoup d'Irlandais se rendaient au quartier-général, pour s'y réunir aux drapeaux français : le général Humbert les organisait à mesure, en leur faisant distribuer des habits et des armes. Ces nouvelles troupes furent mises sous la direction du général Fontaine, et jointes à quatre compagnies de canonniers qu'il avait déjà. La petite armée française, ainsi renforcée, obtint successivement plusieurs succès très-

brillans sur les Anglais auxquels elle
tua beaucoup de monde et fit des prisonniers. Un officier prisonnier avertit
le général Humbert que treize cents
hommes d'infanterie anglaise et sept
cents chevaux marchaient à sa rencontre : en conséquence, il ordonna
au général Sarrazin de se porter sur
Baleyna avec ses chasseurs à cheval et
ses grenadiers. L'adjudant - général
Fontaine reçut l'ordre de faire un
mouvement sur la droite pour occuper le seul passage offert à la retraite
des Anglais.

Cet ordre fut exécuté avec tant de
promptitude, que l'ennemi n'eut pas
le temps de se reconnaître : il fut attaqué , battu, repoussé et mis dans la
déroute la plus complète ; on lui fit
beaucoup de prisonniers et son ar-
rière-garde fut taillée en pièce dans la
grande rue de Baleyna. Le général
Humbert qui savait que l'intention
des Anglais était de se porter en force
sur Killala pour y brûler ses magasins,
y laissa quelques Irlandais-unis et deux
cents Français, commandés par le ca-

pitaine Charost, tandis qu'il faisait marcher ses troupes victorieuses sur Castelbar, où le général Lack se trouvait avec sept mille hommes.

Les Français firent, comme à l'ordinaire, la plus grande diligence. Ne sait-on pas qu'ils vont toujours au combat comme à une fête ? Sarrazin et ses grenadiers rencontrèrent les avant-postes anglais, à la distance de cinq kilomètres de la ville : ils étaient dans une position à pouvoir braver long-temps les efforts d'une armée. Mais ils ne résistèrent pas au premier choc de l'avant-garde française ; ils cédèrent le terrain et furent poursuivis jusqu'à portée du canon qui les protégeait. On aperçut bientôt le général Lacke dans la position la plus formidable ; elle eût même paru inexpugnable à d'autres qu'à des Français accoutumés à vaincre tous les obstacles. Un lac terminait le déploiment de l'aile droite, sur lequel elle s'appuyait, et la gauche avait à son extrémité un marais impraticable: un plateau garni de six pièces d'ar-

tillerie, soutenues de trois mille
hommes, dont le feu croisait sur
les deux routes qui conduisaient à
Castelbar, formait le front de cette
position. Indépendamment des troupes dont la ville de Castelbar était
remplie, un corps de réserve se trouvait encore en arrière. Dans une position semblable, les Anglais paraissaient sourire de pitié à l'aspect d'une
poignée de soldats, et les bravaient.
Cependant le général Humbert attaque
les Anglais : l'action fut engagée par
trois compagnies de grenadiers, que
l'adjudant-général Sarrazin, commandant la droite, dirigea sur la gauche
de l'ennemi. Cette entreprise fut cou-
ronnée du plus brillant succès : l'Anglais perdit ses premières positions ;
et, dans son désordre, l'adjudant-
général Fontaine, qui vint le charger,
le força à la retraite dans Castelbar ;
s'étant rallié dans la ville, il dirigea
de ce point le feu le mieux nourri.

Cependant ce feu d'artillerie, joint
au feu de mousqueterie qui partait

des fenêtres, fut bravé par les grenadiers français, qui pénétrèrent impé-
tueusement dans les rues. Un seul
grenadier enleva deux pièces chargées
à mitraille, placées à l'entrée de la
grande rue de Castelbar : il sabra deux
canonniers ; une mèche se trouvant
sous sa main, il mit le feu à la lumière
de l'une des deux pièces, et se rendit
maître de toutes les deux. Ce brave
fut promu sur le champ de bataille
au grade d'officier : la tête de l'armée
lui devait sa conservation. Sur ces
entrefaites la cavalerie de l'armée
combinée arriva et acheva la défaite
des Anglais, qui abandonnèrent six
pièces de canon à l'adjudant-général
Fontaine, n'ayant sous ses ordres que
quarante-trois chasseurs.

Cette victoire coûta la vie à quarante Français, ils eurent cent quatre-
vingts blessés. Les Anglais laissèrent
près de cinq cents des leurs sur le
champ de bataille ; on leur fit douze
cents prisonniers ; des équipages de
l'armée britannique, des drapeaux et

(135)

des canons tombèrent au pouvoir des
Français : généraux , officiers et soldats montrèrent , dans ces divers
combats, une valeur et une intrépidité au-dessus de toute éloge. Un biscaïen brisa l'épaule gauche du capitaine des grenadiers Laugerat : il ne
pouvait plus marcher ; et , pour encourager ses braves , il leur criait :
« Amis, ne faites pas attention à moi,
marchez à la victoire ; elle est devant
vous : je reste, et je meurs content. »
Un grenadier venait d'être frappé
mortellement, il appelle un de ses
camarades : « Prends mes cartouches,
dit-il , envoie-les aux Anglais ! » Puis
serrant son fusil dans ses bras, il
ajouta : « Voilà comme doit mourir
un grenadier Français ; » et il expira.

Après la bataille de Castelbar, les
Français firent encore des prodiges
de valeur en diverses rencontres ; ils
marchèrent vers Dublin : partout les
Irlandais les admirèrent ; mais ils n'o-
sèrent se joindre à eux lorsqu'ils les
virent en si petit nombre, dans la

crainte de s'en trouver les victimes : on assure cependant qu'avec un peu plus de résolution , les mécontens de ce pays auraient pu former une armée de soixante mille hommes.

Les Français , enveloppés par la grande armée du général Cornwallis , avaient montré tant de valeur , que les officiers anglais se disputaient l'honneur de les faire prisonniers. On vit le général Lacke aller au-devant du général Humbert ; il lui demanda où était son armée : *La voilà* , lui répondit Humbert , en lui montrant *les quatre cents hommes* tombés en son pouvoir par le sort des combats. Un geste d'admiration et de surprise se manifesta dans toute la personne du général anglais. *Et où prétendiez-vous aller?* demanda le général Lacke.

— *A Dublin , briser les fers de ceux qui gémissen' sous votre tyrannie* , répliqua Humbert. Ah ! dit le général anglais , *ce projet extraordinaire ne pouvait naître que dans une tête française.*

Lord Cornwallis accueillit le général et son état-major avec la plus grande distinction ; il témoigna beaucoup d'estime aux Français : quarante hommes furent chargés de les conduire à Long-Fort : cette garde ressemblait plutôt à une garde d'honneur qu'à une escorte pour conduire des prisonniers. Il fut curieux de voir dans cette ville, à leur arrivée, donner des repas magnifiques, et faire une illumination générale pour célébrer la reddition de *quatre cents Français* qui venaient soumettre l'Irlande à leurs lois libérales, et qui avaient fait trembler l'Angleterre pendant dix-huit jours. Chacun se pressa autour d'eux pour les complimenter.

Les Français obtenaient en Suisse les succès les plus brillans, mais aussi les plus pénibles. Le général Soult, qui se trouvait entre les lacs de Zurich et de Valenstad, passa la Linth que défendaient plus de quarante redoutes et de nombreux ennemis : il avait été impossible de leur cacher ce passage où les Français déployèrent tant de valeur.

Tandis que le camp des Russes était attaqué, et que leurs redoutes étaient prises par le général Lochet, à la tête de huit cents grenadiers ; tandis que ce général, pour faciliter le passage des troupes du général Laval, faisait rétablir le pont de Grynau, deux cents nageurs portant des lances, des pistolets et des sabres, conduits par l'adjudant-major Delaur, traversaient la rivière, battaient la charge, répandaient la terreur dans le camp des Autrichiens, enlevaient les postes qui défendaient les points par où devait s'effectuer le passage, et, par ce moyen aussi hardi que extraordinaire, donnaient la facilité de mettre les barques à l'eau, et de jeter des bataillons de grenadiers sur la rive droite.

Pendant l'exécution de tous ces mouvemens, le commandant Lapisse à qui on avait confié l'attaque du centre, faisait d'une rive à l'autre un feu terrible qui contenait l'ennemi, et paralysait les renforts qui lui arrivaient de toutes parts.

Lorsque le jour commença à paraître, les Autrichiens revinrent de leur surprise, et six compagnies de grenadiers, qui étaient déjà passées, se virent sur le point d'être enveloppées par les colonnes d'attaque qu'ils formèrent. Ces grenadiers s'emparèrent trois fois du village de Schœnis, et en furent repoussés trois fois; mais enfin la valeur française triompha, en se maintenant dans ce poste, malgré l'acharnement des ennemis. Pendant ce temps les pontonniers mettaient une activité inconcevable au passage de la Linth qui continuait rapidement. Alors le général autrichien Hotze reçut en même temps une balle à la cuisse et un coup de feu dans l'estomac, dont il mourut : son chef d'état-major fut tué à ses côtés; le désordre se mit parmi les Autrichiens. Le général Soult , qui , à l'aide d'un pont volant , venait de faire passer son artillerie et sa cavalerie , culbuta les Russes , et en fit un carnage épouvantable. La terre était couverte de leurs morts. On prit dans cette affaire sept cents hommes, quelques pièces de canon et un drapeau.

Le général Jardon , par son étonnante intrépidité, mérita d'autant plus de trouver place ici , *qu'il disait souvent qu'avec deux compagnies de grenadiers français seulement , il ne ferait pas difficulté d'attaquer vingt mille hommes , comme s'il eût eu des forces égales.*

Le général Jardon ne respirait que les combats ; son seul plaisir était de se battre. Invitait-il à dîner quelques officiers de sa brigade , il leur proposait pour amusement de l'après dînée d'aller charger l'ennemi : c'était là son plaisir favori, il n'en connaissait pas de plus grand. Cette bravoure sem-

blait tenir à une prévention des Belges,
ses compatriotes, pour les enfans nés
coiffés. Il disait avec l'air de la plus
intime conviction, que les balles ni
les boulets ne pouvaient jamais atteindre sa personne. Tous les événemens
de ses campagnes parurent l'affermir
dans cette espèce de fanatisme. Il ne
se passa presque aucune affaire à l'armée du Nord, où les chevaux, les
aides-de-camp et les ordonnances du
général Jardon n'eussent été tués ou
grièvement blessés à ses côtés ; pour
lui il ne reçut jamais que des balles
mortes dans ses habits. C'était un singulier spectacle de voir ses chevaux
mutilés de coups de feu, les oreilles
percées, la chair du poitrail et de la
croupe emportée, tandis que le maître, exposé comme eux au feu de l'ennemi, paraissait invulnérable.

Au combat d'outre Meuse, où il
détruisit une légion entière d'émigrés,
il eut deux chevaux tués sous lui ; il
vit tomber à ses côtés son jeune neveu
percé de cinq blessures mortelles : un

de ses adjoints et ses ordonnances trouvèrent la mort près de lui , et il ne reçut pas la plus légère contusion; une balle dirigée contre sa poitrine vint frapper la lame de son sabre , qui fut brisé du coup ; une seconde balle cassa le pommeau dans sa main , sans atteindre seulement le petit doigt. Toutes les fois qu'il allait à la découverte , une partie des siens était renversée par les décharges de la mousqueterie ; souvent ceux qui l'entouraient tombaient pêle-mêle à ses côtés, tandis que les balles semblaient n'arriver sur ses vêtemens que pour y perdre toute leur force et rester sans effet. « Avec soixante-cinq grenadiers, il attaqua un jour neuf cents Autrichiens, et les mit en déroute. » La lecture de pareils faits d'armes nous rappelle les temps héroïques ou les siècles de la féerie dans lesquels on se croirait transporté. On ne les croirait pas , s'ils n'étaient attestés par toute une armée contemporaine. On peut regarder de tels hommes comme faits pour exalter le courage et la valeur d'une nation, au moment où elle s'élançait de son territoire pour dompter les peuples qui méditaient son asservissement.

———

Quand l'armée républicaine, aux ordres des généraux Marceau et Westermann, eut vaincu et mis en pleine déroute la grande armée royale commandée par Laroche-Jacquelin et Talmont, les vainqueurs entrés dans la ville du Mans, s'y livrèrent à tous les excès, malheureusement trop ordinaires dans une ville prise d'assaut. On conçoit que dans l'effervescence produite par la victoire, la noblesse, la jeunesse et la beauté furent livrées à tous les outrages. Les femmes, qui jadis étaient les plus riches, et qui jusques-là avaient toujours vécu dans le sein de l'abondance et des plaisirs, se traînaient péniblement dans le sang et dans la boue, pour implorer la protection de ces républicains, dont le seul aspect ne leur eût inspiré quelques jours avant que de l'indignation et du mépris.

Au milieu de tant d'horreurs, tristes fruit de la guerre civile, il est doux d'avoir à raconter quelques traits de pitié et de générosité. Plusieurs dames de distinction furent emmenées par les grenadiers d'Aunis et d'Armagnac, qui avaient eu le principal honneur de cette cruelle journée, et auxquels était dû le gain de la bataille. Sans se prévaloir des droits que leur donnait la victoire, sans même se permettre aucun mot qui pût blesser la pudeur de leurs captives, ils eurent pour elle tout le respect et tous les égards qu'on doit à un sexe faible et malheureux ; ils en arrachèrent plusieurs à une mort presque certaine, au risque de périr victimes de leur humanité. De telles actions ne sont pas celles qui font le moins d'honneur aux grenadiers français.

A la bataille de Hohenlenden , le général Richepanse venait d'établir , sur la ligne, au centre de son front , six pièces de canon. La quarante-huitième demi-brigade avait sa gauche presque à la hauteur du point où cette chaussée pénètre dans la forêt. Huit escadrons autrichiens se trouvaient vis-à-vis le général Richepanse ; ils avaient avec eux huit bouches à feu. Le premier de chasseurs charge la cavalerie ennemie , pendant que la quarante-huitième se forme. Il l'avait abordée avec vigueur ; mais le pli d'un ravin masquait un escadron qui le prend en flanc, et l'oblige de se former de nouveau sur la droite de la huitième.

Ce premier de chasseurs se voit à l'instant cerné de toutes parts. Richepanse, que ne peut arrêter la mitraille ennemie , fait un mouvement pour voler le dégager; trois bataillons de grenadiers hongrois s'avancent sur lui en colonnes serrées. Dans ce moment décisif, le général qui connaît le cœur de ses soldats, tournant sur eux un regard étincelant, leur dit : *Grenadiers de la quarante-huitième ! que me dites-vous de ces hommes-là ? — Général ! ils sont morts.* A ces mots, on se précipite, l'ennemi est culbuté ; l'impulsion donnée, la colonne, semblable à un torrent, renverse toutes les masses qui lui sont opposées.

Ce fut aussi à la tête d'un bataillon de grenadiers, que, dans le même moment, le général Ney poursuivit l'ennemi avec la plus grande chaleur : il était déjà à la sortie du défilé, vers Hohenlenden ; là, ils essayèrent encore de se défendre ; mais on les culbute, on les enfonce ; partout, Ney, à la tête de ses braves, a pénétré dans le bois : il y rencontre une colonne ennemie énorme, qui tourbillonne et flotte incertaine, pressée de toutes parts, cherchant une issue, et n'en rencontrant point qui ne soit défendue par quelques corps français. Les Autrichiens se retranchent derrière les sapins, et finissent par se précipiter dans la forêt, traversée par la route. La mort les poursuit de tous côtés : elle est le précurseur des cris affreux qui se font entendre ; l'épaisseur de la forêt ne les garantit point. Ces guer‑ riers, dans le plus grand désordre , sont frappés en tous lieux et tous sens. Ce n'est qu'en implorant la générosité des vainqueurs qu'ils peuvent arrêter les coups de leurs bras invincibles.

Après la prise be Dantzick , les hos‑ tilités continuèrent ; mais si le courage des soldats français et celui des alliés se faisait remarquer lorsqu'on en venait à une action, on dut voir, à cette époque, que la guerre avait perdu ce caractère de férocité et d'acharnement qui ne permettait pas d'abord la plus légère rencontre , sans que les soldats des deux partis ne brûlassent de se charger avec fureur. Les mêmes be‑ soins se faisaient sentir de part et d'autre; on s'estimait réciproquement pour le courage et la patience avec laquelle on supportait tous les maux ; on soupirait après une paix prochaine, que la disette qui se faisait sentir dans les deux armées semblait rendre indispensable.

Le défaut de subsistance avait rendu le guerrier plus humain ; obligés de chercher les vivres dont ils manquaient le plus souvent, les soldats des deux nations, tourmentés par ce premier besoin, se rencontraient et songeaient moins à se battre, qu'aux moyens de se procurer les secours nécessaires contre la faim. On vit, dans cette recherche mutuelle, combien est puissant le besoin d'alimens, qui éteint toute espèce d'animosité, comme on en jugera par l'événement singulier que nous allons rapporter. Un faible détachement français était passé dans une petite île de l'Omulef, où il soupçonnait que les paysans avaient enfoui leurs provisions de pommes de terre ; il y rencontra un parti de cosaques, qui, également attiré par la faim, s'y était rendu avec l'intention d'y cher-

cher quelques subsistances. Ils ne son-
gèrent pas à se charger ; ils se devi-
nèrent , s'entendirent et convinrent
qu'ils laisseraient leurs armes dans les
barques qui les avaient amenées ; qu'ils
iraient ensuite à la recherche des vivres , et partageraient tous ceux qu'ils
trouveraient dans l'île. Dès que les
soldats français avaient trouvé quelque
magasin , en sondant la terre fraîche-
ment remuée , ils appelaient les cosaques pour leur faire part de leur bonne
fortune ; les cosaques , de leur côté ,
agissaient aussi loyalement , et exécu-
taient fidèlement le traité convenu.
Lorsque toutes les recherches étaient
terminées , chacun emportait la portion de vivres qui composait son lot ;
on se disait adieu , et l'on se quittait
bons amis.

Cependant, cette bonne intelligence
ne diminuait point l'ardeur du soldat ,
lorsque , docile à la voix de l'honneur
et au commandement de ses chefs, il
s'agissait de combattre. Il arriva que
dans un affaire d'avant - garde , six

cents Russes attaquèrent une redoute
défendue par quatorze grenadiers français du quatre-vingt-huitième régiment
de ligne. Ces braves, sans s'étonner
et sans être effrayés du nombre des
assaillans, firent une vigoureuse résistance : en vain les Russes leur crièrent-ils plusieurs fois de se rendre, on
ne répondit à leur sommation que par
un feu très-vif qui dura pendant trois
heures, et empêcha les Russes de
s'emparer de la redoute, après y avoir
perdu inutilement soixante de leurs
soldats.

A l'affaire de Marimont, près de
Binche, qui eut lieu le 4 messidor an
2 (22 juin 1794), Jean Louis Levasseur, capitaine de la quarante-neuvième
demi-brigade de ligne, qui s'était déjà
distingué au blocus de Landrecies, fit
encore une action d'éclat. Commandant un bataillon de grenadiers à l'avant-garde, il fut chargé d'attaquer,
avec quatre compagnies, un bataillon

autrichien qui, débouchant de Marimont, cherchait à couper la retraite à
deux pièces d'artillerie. Arrivé à l'entrée du village, il fit faire, à quinze
pas, une décharge sur la tête du bataillon, le chargea aussitôt à la baïonnette, et, après un quart d'heure de
mêlée, où l'on se battit corps à corps,
l'ennemi, malgré sa supériorité en
nombre, fut forcé à la retraite avec une
perte considérable.

Dans ce combat, le capitaine Levasseur sauva la vie à un grenadier que
terrassaient trois Autrichiens, il en
tua un, mit le second hors de combat,
et le troisième en fuite. Les blessures
qu'il reçut dans cette journée ne l'empêchèrent pas, quatre jours après, de
se trouver à la bataille de Fleurus, et,
deux ans plus tard, il se distingua de
nouveau à la bataille de Neuwied, où
un coup de feu à la jambe ne lui permit
plus de servir.

––––––––––

A l'attaque de Feldkirk, dans le pays

des Grisons, où les généraux Lecourbe, Molitor, Puthod, Laval, Nansouty et Gudin se couvrirent de gloire, M. Jean-Jacques Poussin, de Paris, capitaine de la deuxième compagnie de grenadiers de la quatre-vingt-troisième demi-brigade, est un des officiers qui se distinguèrent le plus. A la tête de sa compagnie seule, réduite à moins de quatre-vingts hommes, il soutint pendant six heures la charge du bataillon de Kaiser, autrichien, fort de plus de dix-huit cents hommes, et appuyé de quatre pièces de canon.

Enfin, M. Poussin parvint à le culbuter, et contribua par là au succès glorieux de cette journée. Il a obtenu pour récompense un sabre d'honneur.

Pendant ses premières campagnes d'Italie, Bonaparte montra souvent de la modération au milieu de la victoire. Vainqueur de la maison de Lorraine, parvenu à Clagenfurth, il offrit la paix à l'empereur d'Allemagne; mais ce

souverain montra une répugnance in-
vincible à reconnaître la France , sur-
tout à lui céder pour prix de la paix
ses antiques domaines. Le cabinet de
Vienne avait de grandes espérances
pour maintenir cette fierté qui lui donnait la suprématie en Europe, et ses
ressources pouvaient encore être fon-
dées sur quelques vieilles bandes ré-
cemment venues du Rhin, qui , diri-
gées par le génie du prince Charles, lui
assuraient une continuation de puis-
sance sans partage. Il pouvait opposer
d'anciens soldats à Bonaparte , tandis
que le général Sporck défendait les
gorges de la Carinthie.

La France fut donc provoquée à de
nouveaux combats , l'Autriche ayant
dédaigné ses offres pacifiques. Cependant le moment approchait où l'olive
de la paix allait couronner l'audace et
la valeur pour prix de la victoire. Dans
les combats qui allaient se livrer , les
braves de l'armée d'Italie devaient se
surpasser eux-mêmes : au premier
signal donné , on voit Joubert forcer

les gorges d'Inspruck, entre Freissack
et Neumarck : les Autrichiens sont
rencontrés par la division de l'avant-
garde commandée par Masséna. Cette
rencontre a lieu dans des gorges serrées, hérissées de canon; les impériaux n'en sont pas moins culbutés
dans toutes les positions qu'ils s'effor-
cent de conserver.

Les Français mettent dans leur poursuite tant de chaleur et de vivasité,
que, pour faire face à cette ardeur in-
vincible, le prince Charles emploie la
dernière ressource, le dernier espoir
de l'armée autrichienne. Il détache de
son corps de bataille les huit bataillons de grenadiers qui avaient coo-
péré à la prise de Kelh. Toujours dis-
tinguée par sa valeur, la deuxième
d'infanterie légère est inébranlable
dans les chocs qu'elle reçoit ; elle se
jette à droite et à gauche dans les flancs
de l'ennemi ; au même instant, pour
refouler les Autrichiens, le général
Masséna fait mettre en colonne les
grenadiers de la dix-huitième et de la

trente-deuxième. Le combat s'engage
avec fureur entre les grenadiers français et les grenadiers hongrois : l'élite
de l'armée autrichienne avec les soldats de l'armée d'Italie , déjà vieillis
sous les harnais, en sont aux mains.
La lutte est égale : des braves combattent contre des braves ; hérissée de
canons, la position des impériaux était
des plus avantageuses , ils n'en profitèrent que pour retarder de quelques
instans leur défaite totale. L'arrière-
garde tenait encore , soutenue par les
grenadiers autrichiens, qui, bientôt
mis eux - mêmes dans une déroute
complète, furent obligés d'abandonner
le champ de bataille couvert de leurs
morts. Seize cents prisonniers tombèrent au pouvoir des Français. La nuit
mit un terme au combat , les impériaux en profitèrent pour se retirer ;
mais ils eurent toujours les Français à
leur poursuite. On entra au point du
jour à Neumark , où l'on trouva quatre
mille quintaux de farine, une quantité
considérable d'avoine et d'eau-de-vie,

c'était le reste des magasins immenses que l'ennemi avait brûlés.

Ce qu'il y eut de plaisant dans cette affaire où les grenadiers autrichiens cédérent malgré eux la palme aux grenadiers français , c'est que ceux-ci mangèrent les vivres qui avaient été préparés pour l'ennemi, et burent son eau-de-vie.

Après les batailles de Montenotte et de Mondovi , le général Beaulieu , campé loin de Turin , s'empressa de se former une nouvelle armée de tous les corps autrichiens , napolitains et romains. Pour découvrir l'endroit où Bonaparte devait passer le Pô , il avait employé toutes les ruses que l'art de la guerre peut inventer ; il se flattait d'arrêter le général français au passage de ce fleuve , le plus considérable de l'Italie. Bonaparte , dans l'armistice avec le roi de Sardaigne , s'était assuré de Valence , où se trouve une forte-resse qui domine le Pô ; Beaulieu en conclut que c'était là où le passage s'effectuerait.

Des transfuges que ce général accueillit, sans s'en défier, lui rendent compte des mouvemens de l'armée française, et lui annoncent que toutes les divisions s'avancent sur Valence. Ne doutant pas d'avoir été bien instruit, Beaulieu, pour empêcher les approches du fleuve et défendre l'entrée du Milanais, forme dans les environs des retranchemens, des batteries et des redoutes sans nombre. Pendant ce temps-là, cinq mille grenadiers français et quinze cents chevaux s'étant avancés à marche forcée de Castel-san-Gioamei, parurent le 9 mai 1796, à neuf heures du matin, devant Plaisance, ils y trouvèrent un grand nombre de bateaux. L'accès du fleuve n'était défendu de ce côté par aucune batterie : sur le bruit des préparatifs, qui ne paraissaient pas probables, on s'était contenté d'envoyer vers Plaisance deux escadrons de hussards, quand ils voient le chef de bri-

gade Lannes, qui aborde avec deux bataillons de grenadiers, après avoir tra-
versé le fleuve sur des bateaux qui semblaient pouvoir à peine contenir quelques détachemens, les Autrichiens ont
l'air de vouloir résister; mais dès qu'ils
aperçurent l'armée entière marcher
par échelons à la suite de l'avant-garde,
ils se replièrent avec promptitude.
Le passage s'effectua entièrement dans
la journée. La marche de Bonaparte
étant enfin connue, Beaulieu fut obligé
d'avouer que le général français l'emportait sur François Ier, et reconnut
l'inutilité de ses fortifications du Tessin, et de ses redoutes de Pavie. Alors
il envoya six mille hommes d'infanterie et deux mille hommes de cavalerie pour s'opposer au débarquement
des Français, et les attaquer avant
qu'ils fussent formés; mais il était trop
tard, car les Français s'avançaient
déjà à Fombio, pour attaquer une division qui y était retranchée avec vingt
pièces de canon. La droite des Autrichiens fut attaquée par le général de

brigade Dallemagne , avec les grenadiers, et la gauche par le chef de brigade
Lannes. L'adjudant-général Lanuse se
portait sur leur camp par une chaussée
qui se trouvait vis-à-vis de leur front,
Il s'engage une vive canonnade; les
Allemands d'abord résistent avec vigueur et persévérance; mais ils sont
bientôt obligés de se retirer à la hâte
sur Pizzighitone , derrière l'Adda ,
après avoir été forcés dans leurs retranchemens , et fuyant devant la cavalerie qui les poursuivait au grand
trot , et les grenadiers qui les pres-
saient au pas de course. Ce succès
prépara celui de la célèbre bataille
de Lodi.

Le général autrichien Beaulieu , à
la tête d'une armée formidable, n'avait
pu empêcher Bonaparte et cinq mille
grenadiers français de passer le Pô et
de mettre en déroute une partie de
cette armée. Il mit une forte garnison
dans la ville de Milan, et se replia

sur la rive gauche de l'Adda , il croyait que le général français, au lieu de tenter de nouvelles entreprises , laisserait reposer quelque temps ses troupes dans les délicieuses plaines de la Lombardie. Il se trompait.

A peine Bonaparte a-t-il fait passer le Pô à son artillerie , qu'il fait ses dispositions pour attaquer les Autrichiens qui n'avaient laissé à la tête du pont de Lodi que deux escadrons de cavalerie , et quelques bataillons d'infanterie ; mais avant de marcher sur l'ennemi , il le menace sur ses différentes positions , tantôt d'un côté , tantôt d'un autre , et le force par cette manœuvre d'élargir sa ligne de défense. Enfin , le 21 floréal il se porte rapidement sur le village de Lodi , et charge l'ennemi avec tant de vigueur qu'il est forcé de se retirer de l'autre côté de l'Adda avec une précipitation telle qu'elle ne lui donne pas le temps de couper le pont derrière lui ; mais il le défend par une nombreuse artillerie qui le couvre de tous ses feux.

Que peut cette précaution contre l'intrépidité française ? Déjà tous les bataillons de grenadiers sont en mouvement ; ils ont à leur tête les généraux
Berthier et Masséna ; et c'est au pas
de charge que cette colonne redoutable va s'emparer des foudres qui vo-
missaient la mort sur elle.

Dans le même temps la cavalerie
française passe le fleuve à la nage ; les
Autrichiens rompus, dispersés, aban-
donnent leur artillerie (1), leurs bagages. Beaulieu passe l'Oglio, et à la
faveur de la nuit se retire sous le canon
de Mantoue,

La bataille de Lodi, l'un des plus
beaux faits d'armes des Français, est
due en grande partie aux grenadiers.

———

La Lombardie était presque con-
quise, le duc de Modène avait fait sa
paix avec la république française, et

———

(1) Trente pièces de canon, sept drapeaux et
quatre mille hommes.

Wurmser conduisait les débris de son armée à Mantoue où il se proposait d'attendre un renfort de cinquante mille hommes que l'empereur d'Autriche faisait filer en Italie, sous la conduite des généraux Alvinzi et Davidovick. Il s'agissait d'empêcher la réunion de ces forces. Les Français avaient forcé les gorges de la Brenta ; ils avaient triomphé à Bassano et à San-Giorgo ; de nouveaux lauriers les attendaient au pont d'Arcole. Ce pont, construit sur l'Adige, est très-étroit, et le chemin qui y conduit entouré de marais fangeux. L'ennemi était retranché dans les maisons crénelées qui l'avoisinent, et pouvait sans cesse le couvrir d'une grêle de balles.

Bonaparte, toujours à la tête de ses grenadiers, passa l'Adige et attaqua le village d'Arcole, défendu par un régiment croate et quelques régimens hongrois, et mieux défendu encore par sa situation au milieu des canaux. Ce village arrête notre avant-garde toute la journée, malgré les efforts constans des généraux qui, sentant de quelle importance était cette position, se firent presque tous blesser en cherchant à l'enlever de vive force.

Les deux armées se battaient depuis deux jours avec un acharnement épouvantable, quand l'intrépide Augereau porta un drapeau jusqu'à l'extrémité du pont, où il demeura plusieurs minutes sans produire aucun effet. Cependant, il fallait passer, ou faire un détour de plusieurs lieues, qui aurait fait manquer l'opération. Bonaparte, voyant un moment d'irrésolution, demande à ses soldats *s'ils sont les vainqueurs de Lodi?* Et voyant à ces mots renaître leur enthousiasme, il saute à bas de son cheval, saisit un drapeau, s'élance à la tête des grenadiers, et court sur le pont en criant: *Suivez votre général!* La colonne aussitôt s'ébranle, et les Français victorieux font mordre la poussière à quatre mille Autrichiens, en prenant cinq mille, quatre drapeaux et dix-huit pièces de canon. Dans cette journée,

qui est l'une de nos immortelles , les
généraux français se battirent en grenadiers.

———

A la bataille meurtrière d'Eylau , le
capitaine des grenadiers à cheval, Au-
zoni , blessé à mort , était couché sur
la neige ensanglantée. Plusieurs de ses
camarades viennent pour l'enlever et
le porter à l'ambulance ; mais ce brave
ne recouvre ses esprits que pour leur
dire : « Laissez-moi, mes amis, je
meurs content, puisque nous avons la
victoire , et que je puis terminer ma
carrière sur le lit d'honneur, entouré
de canons pris à l'ennemi , et des débris de leur défaite. En quittant la vie,
il ne me reste qu'un regret , c'est que
dans quelques instans je ne pourrai
plus rien pour la gloire.... à elle mon
dernier soupir ! » Après ces mots, qui
achèvent d'épuiser ses forces, il s'en-
dort dans les bras du sommeil éternel.

———

Aux champs célèbres de Marengo, le lieutenant d'artillerie Conrad, a la jambe emportée d'un boulet. Renversé, il se souleve encore pour observer le tir de sa batterie ; les canonniers veulent l'emporter, il s'y refuse avec opiniâtreté, et leur dit : « Servez votre batterie, et ayez le soin de pointer un peu plus bas. » A la même affaire, Brabant, grenadier, homme d'une force et d'un courage extraordinaire, qui avait servi dans l'artillerie, trouve une pièce de quatre abandonnée et renversée auprès de son caisson; l'intrépide grenadier relève seul la pièce, la charge et la tire pendant plus d'une heure. Le général Berthier, qui lui-même avait ses habits criblés de balles, le félicita de sa bravoure sur le champ de bataille.

Au combat de Tanin, en Suisse, un caporal des grenadiers, nommé Leblanc, tombe sur un caisson de l'ennemi, s'en empare, et coupe les traits des chevaux qui y sont attelés. Poursuivant sa marche victorieuse, Leblanc s'aperçoit que les Autrichiens, en déroute, cherchent à se rallier derrière le pont de Riaheneau, il se précipite seul sur le pont; son audace porte la terreur dans les rangs ennemis, surtout lorsqu'ils lui entendent crier avec force : A moi, mes camarades ! Les Autrichiens se croient poursuivis ; leur trouble s'en augmente : le grenadier fond sur eux, sabre tous ceux qu'il peut atteindre , et ne s'arrête que lorsqu'ils sont complètement en fuite.

Tandis que la France et l'Autriche se disputaient, en 1799, la possession de la Suisse , un parti ennemi qui occupait le village de Bissel, et une compagnie de grenadiers français postés vers Grisen, en vinrent aux mains. Ceux-ci avaient reçu l'ordre de ne pas poursuivre l'ennemi, de peur d'abandonner un poste important; les Allemands, étonnés de voir immobile cet ennemi qui les provoque ordinairement, prennent son obéissance pour de la timidité ; quelques injures arrivent même jusqu'aux oreilles des grenadiers. L'un d'eux, nommé Aubert, d'une valeur éprouvée, voyant un soldat du corps des manteaux-rouges, s'approcher à une très-petite distance, propose de faire cesser tant de bravades par un combat singulier. On y consent, et déjà les deux partis s'éloignent de cent pas ; les deux champions sont en présence. Ils tirent tous deux trois coups sans succès ; au quatrième l'Autrichien tombe, et ce succès, quoique bien faible, apprit à l'ennemi qu'il devait redouter la bravoure de ceux qu'il avait accusés de faiblesse.

Pendant le siège de Lille, un canonnier bourgeois servait une pièce sur les remparts ; il apprend que sa maison est la proie des flammes :

« Rendons-leur feu pour feu, » dit-il, et il continue de servir sa pièce.

—————

La manière hardie des Français et de leurs généraux, contrastait singulièrement avec la méthode sûre, mais lente, des Allemands. Chaque jour le Français se montre prodigue de sa vie, et les bailes semblent respecter sa bravoure. Pendant une attaque du fort de Kell, des murmures s'élevèrent parmi des soldats : le général Duhesme se trouvant de service près d'eux, entend leurs propos; trois de leurs camarades venaient d'être tués en se portant sur un redan; il fallait marcher à découvert, n'y ayant aucune tranchée pour y parvenir : « Il n'y a pas de fatalité, disait un grenadier, comme nous le répète sans cesse le général Duhesme, si nos camarades fussent demeurés ici, ils ne seraient pas morts. »

Duhesme, après avoir écouté les discours des soldats, sort du retran-

chement, et va en personne au redan;
c'est de ce lieu qu'il donne ses ordres:
la mousqueterie semble redoubler sur
lui ; une grêle de mitraille l'environne;
toujours enveloppé du feu de l'artillerie, il revient sans être blessé vers les
soldats dont il avait entendu les murmures, et s'adressant aux grenadiers,
il leur dit : « Eh bien, grenadiers,
notre sort est-il écrit là-haut? »

* * *

L'île d'Ehrlenrhin est attaquée par
les Autrichiens victorieux, et les Français repoussés jusqu'à la tête du pont
volant. Voyant ses soldats fléchir, le
général Lecourbe renvoie le pont volant sur la rive gauche du fleuve, et
se tournant vers ses troupes : « Voici
le Rhin, dit-il, et voilà l'ennemi ; il
faut vous noyer, ou nous battre »!....
Il a déjà saisi un drapeau; un bataillon
en désordre s'est rallié à sa voix ; à la
tête des grenadiers il se précipite sur
l'ennemi, le repousse dans sa tranchée, et par sa présence d'esprit et sa

valeur conserve encore l'île d'Ehrlenrhin.

A la déroute de l'armée républicaine, à Laval, on vit de brillantes
actions et des traits innombrables
d'une rare intrépidité. Le canonnier
Guibon, saisi au collet par un Vendéen
qui lui dit : « Tu es mon prisonnier, »
le renverse d'un coup de poing dans la
poitrine, lui asène un coup d'écou-
villon sur la tête, et portant la mèche
sur la lumière de son canon, il foudroie un peloton de Vendéens. Laissé
presque seul sur le champ de bataille,
il voit, au moment où il se dispose à
faire une seconde décharge, qu'il est
sur le point d'être fait prisonnier, et
qu'il n'a bientôt plus de retraite, il
s'élance alors dans la Loire, qu'il traverse à la nage, le sac sur le dos, le
sabre entre les dents. Emporté par son
courage, il tombe peu de jours après
dans une embuscade de royalistes.
Conduit au prince de Talmont, il est

condamné avec quarante républicains
à être fusillé. Les Vendéens, poussant
des cris affreux, les traînaient au sup·
plice à travers une forêt obscure, où
la terre abreuvée de sang des nombreuses victimes, offrait partout des
canons, des fusils, des massues, parmi
des crânes brisés, des ossemens et des
lambeaux de chair humaine.

Tout-à-coup un officier royaliste,
jettant un cri de surprise et de joie :
« C'est lui, c'est cet homme généreux
qui a sauvé mes jours », arrête l'exécution. Il court ensuite apprendre au
prince de Talmont que Guibon lui
sauva la vie dans un combat, malgré
la loi barbare qui lui ordonnait de le
massacrer, et qu'après l'avoir dérobé
aux proconsuls, il avait refusé cent
louis pour prix de sa générosité, en
lui disant : Fuyez avec votre or, je
n'ai pas besoin des dons d'un ennemi
vaincu, pour sauver un malheureux. »
Le prince de Talmont, touché d'un si
beau trait, lui accorda non-seulement
sa grâce, mais celle des quarante

prisonniers qui devaient partager son
sort.

———

Les généraux Masséna, Augereau et
Kilmaine, marchaient avec leurs divisions vers Borghetto, dont l'approche
était défendue par l'avant-garde autrichienne forte de quatre mille hommes
et de dix-huit cents chevaux. Les grenadiers et les carabiniers flanquaient
la cavalerie française, qui suivait l'a-
vant-garde ennemie au petit trot. La
cavalerie ennemie fut enfin chargée et
mise en déroute par les Français, qui
lui enlevèrent une pièce de canon.

A la suite de ce combat, on vit les
Autrichiens se hâter de couper le pont
qui est sur le Mincio; mais les Français
montrèrent leur audace, en le rac-
commodant sous le feu de l'ennemi,
tandis que l'artillerie légère engageait
une vive canonnade. On vit spontané-
ment une cinquantaine de grenadiers,
brûlant ds combattre, se jeter dans le
fleuve, tenant leurs fusils sur la tête,

et ayant de l'eau jusqu'au menton. Grenadier par la taille comme par le courage, le général Gardanne était à leur tête. Déjà les Autrichiens s'effraient par le souvenir de *la terrible colonne de Lodi :* les plus avancés se débandent ; les travaux du pont vont mieux et plus vîte. Déjà Vallégio est au pouvoir des Français. Les grenadiers français s'en sont emparés au moment où le quartier - général des impériaux venait d'en partir. Le but de Bonaparte était d'engager une action générale ; mais le général Beaulieu, qui ne pouvait soutenir la vue de nos grenadiers, se hâta d'ordonner la retraite.

Vainqueur de Lodi et d'Arcole, Bonaparte, maître de la Lombardie, ayant repoussé les Autrichiens dans le Tyrol, fit investir Mantoue. Les entreprises des deux nations n'eurent, et 1796, ponr but que l'occupation de cette place qui devait mettre le sceau à la stabilité des conquêtes du général français , et délivrer l'Italie du joug des Autrichiens. La première idée de Bonaparte fut de s'emparer de Mantoue par surprise ; et , pour le tenter , le général Dallemagne et le chef de brigade Lannes , à la tête de six cents grenadiers, s'avancèrent vers le faubourg St.-Georges ; Bonaparte , qui s'était porté à la Favorite , superbe maison de campagne du duc de Mantoue, fit marcher le général Serrurier pour soutenir l'attaque. Le général Dallemagne , ayant aperçu l'ennemi dans les retranchemens de Saint-Georges , l'attaqua , se rendit maître du faubourg et de la tête du pont. Déjà sous le feu de la mitraille de la place , les grenadiers s'avançaient en tirailleurs sur la chaussée ; ils prétendaient même se former en colonnes pour enlever Mantoue. Quand on leur montra l'artillerie qui était sur ses remparts : *A Lodi*, disaient-ils, *il y en avait bien davantage !*

Les circonstances n'étaient plus les

mêmes ; Bonaparte admira le courage de ses grenadiers, mais il les fit retirer. Dans le même temps, Augereau, ayant passé le Mincio au-dessus du lac, se porta sur le faubourg de Chériale, enleva les retranchemens, la tour, et força les Autrichiens de se retirer dans le corps de la place. Un tambour des grenadiers avait grimpé, pendant le feu, sur le haut de la tour pour en ouvrir la porte. Dans le rapport que fit le général en chef, il raconte un trait qui peint bien les mœurs des habitans de ces contrées.

Les religieuses d'un couvent de Saint-Georges l'avaient abandonné, parce qu'elles s'y trouvaient exposées au feu du canon. Les soldats français y entrent pour prendre poste ; ils entendent des cris qui semblent partir d'une basse cour ; ils enfoncent une méchante cellule, et trouvent une jeune personne assise sur une mauvaise chaise, les mains garottées par des chaînes de fer. Cette infortunée demandait la vie ; à l'instant ses liens

sont brisés : cette intéressante victime,
âgée de vingt-deux ans , gémissait depuis quatre ans dans cette horrible
prison ; elle y expiait le crime , bien
pardonnable à son âge , d'avoir voulu
s'échapper , et obéir , dans l'âge et le
pays de l'amour, aux tendres impul-
sions du son cœur. Les grenadiers
français en eurent un soin particulier;
elle montra beaucoup d'intérêt pour
ces vainqueurs généreux : elle était
belle , et joignait à la vivacité du climat
la mélancolie que ses longs malheurs
avaient empreinte sur ses traits. Toutes
les fois qu'il entrait quelqu'un ; elle
témoignait de l'inquiétude, et l'on sut
bientôt qu'elle craignait de voir revenir
ses tyrans. Elle demanda la grâce de
respirer un air plus pur; et comme on
lui objecta qu'il pleuvait de tous côtés
de la mitraille qui pouvait la tuer : *Ah!*
dit-elle, *rester ici*, *c'est mourir*.

––––––––

Jourdan , commandant l'armée de
Sambre-et-Meuse, en 1794, méditait,

le long de la Roër , une attaque générale sur les Autrichiens ; et dans le
même temps, l'armée du Nord s'occupait des moyens d'envahir la Hollande.
A cette même époque , on vit passer la
Meuse , près Namur et Huy , aux généraux Schérer , Marceau et Bonnet,
à la tête de quarante-deux bataillons ,
formant quatre colonnes. Lorsque les
troupes françaises eurent opéré ce
mouvement , elles se trouvèrent portées sur le flanc gauche des Autrichiens ; ceux-ci occupaient leurs retranchemens par de-là les rives escar-
pées de la rivière d'Ayvaille.

Les bords de cette rivière sont tellement coupés de roches bisarrement
taillées par la nature , qu'à peine des
fantassins y trouveraient-ils quelques
endroits pour y placer le pied. Cependant , à quelques distances de ces obstacles , deux camps autrichiens de dix-
huit mille hommes s'étaient établis,
l'un à Spirmont et l'autre à Emeux ;
des redoutes placées sur toutes les
hauteurs environnantes , menaçaient

toutes les avenue ; et , pour arriver sur la crête des montagnes , la seule route à prendre , était, pendant plus d'une heure , sous le feu d'une artillerie rasante. Défendue par l'art et par la nature , car tous les obstacles s'y rencontraient, on ne vit jamais de position plus menaçante. Mais des grenadiers français savent surmonter toutes les difficultés; leur courage , leur intrépidité leur font tout vaincre.

Le 19 septembre , quatre colonnes ont ordre de partir au point du jour; toutes les quatre , au même instant , elles fondent sur toute la ligne autrichienne , depuis Ayvaille jusqu'à Emeux : c'est la baïonnette en avant qu'on s'ouvre , qu'on force tous les passages. Les Autrichiens, saisis, interdits, semblent voir dans les grenadiers français un torrent dévastateur, une flamme qui court et dévore tout : *Tels sont nos grenadiers , emportant les camps au pas de charge.* Les trophées de cette victoire se composent de vingt-six canons et trois drapeaux;

douze cents Autrichiens sont couchés sur le champ de bataille : on trouve un butin immense, et les Français vont cueillir d'autres lauriers sous les murs de Juliers.

———

Après la prise d'Orméa par les Français, en 1794, Garrezio fut bientôt sommé. Le général Dumerbion envoya un trompette à cet effet. Il n'en fallait pas plus pour effrayer les Piémontais, qui croyaient voir à tous momens l'armée française prête à tomber sur eux. Les portes de la ville furent ouvertes, et nos armées acquirent, sans brûler une amorce, des magasins considérables de blé, de farine et de riz ; elles trouvèrent aussi une manufacture bien fournie de draps, qui servirent à habiller l'armée.

Il y avait autour de la ville des montagnes qu'il était important de garder : des éclaireurs furent placés sur leurs crêtes ; ce fut à la compagnie de grenadiers du 99ᵉ régiment,

que ce service périlleux fut confié ;
mais leur nombre était trop petit , et
ces montagnes trop vastes pour qu'ils
pussent mutuellement se prêter leur
appui. Les Piémontais ne manquèrent
pas de profiter de cet isolement : ils
vinrent au nombre de quatre cents ,
attaquer quinze hommes détachés et
placés au loin. Ceux-ci, néanmoins ,
font bonne contenance ; ils soutien-
nent, pendant une heure et demie,
le feu de la mousqueterie, et dirigent
si bien leurs coups , que l'ennemi
étonné, n'osa jamais tenter cette espèce d'assaut. Cependant les grenadiers français manquaient de cartouches , et auraient été embarrassés
s'ils n'avaient eu leurs baïonnettes ; ils
résolurent de se servir de cette arme
familière à leur courage, de fondre sur
les Piémontais, et de se frayer un passage à travers leurs rangs. Ce projet
s'exécutait déjà, lorsqu'une compagnie
de la 19ᵉ demi-brigade , arrivant à leur
secours , les aida à charger l'ennemi ,
qui aussitôt lâcha pied. Cinq grena-

diers blessés, loin d'amortir le courage
des dix autres, ne firent que l'exciter
par le désir de la vengeance.

———

Le 5 octobre 1804, l'amiral Keith,
avec vingt-cinq vaisseaux de ligne et
vingt-cinq brûlots de toutes formes et
de toutes grandeurs, se présenta devant Boulogne pour en brûler la flotille et incendier le port, s'il avait pu
y réussir ; mais le contre-amiral français, Lacrosse, prit si bien ses mesures
qu'il rendit ce projet inutile, au moyen
de canots bien armés, montés par des
grenadiers, et de péniches à gros
obusiers qui détournèrent les brûlots.

L'attaque commença à dix heures
du soir. Les brûlots furent détachés
de la ligne anglaise et dirigés sur tout
le front de la ligne française avec des
embarcations qui les orientèrent jusqu'à une certaine distance de nos chaloupes ; arrivés là, ils furent abandonnés au vent et à la marée qui achevaient
le les jeter sur les bâtimens français.

Dès qu'on voyait approcher un de ces brûlots on lui ouvrait un passage , et par cette manœuvre on parvint à les éviter. Presque tous allèrent aborder la terre auprès de laquelle ils éclatèrent ; on en compta onze qui sautèrent depuis dix heures et demie du soir jusqu'à quatre heures du matin. Ils étaient de trois espèces : ceux de première classe étaient des sloops, des cutters ; les seconds, des espèces de coffres longs de vingt-quatre pieds et larges de trois, sans mâts. A peine les apercevait-on dans l'obscurité à cause de leur peu d'élévation au-dessus de l'eau ; les troisièmes enfin étaient des espèces de barils remplis d'artifice, posés verticalement à l'aide d'une mécanique, et s'enflammant par le choc d'un corps qui leur faisait quelque résistance.

Ces brûlots, remplis d'une grande variété d'artifice, lançaient beaucoup de morceaux de bois creux, remplis dans la partie creusée de matières inflammables s'allumant à l'aide d'une

mèche de bombes. C'est vis-à-vis
d'une batterie de grenadiers que le
premier brûlot éclata; il était dix
heures et demie. Ses débris qui se
portèrent jusque sur la côte n'attei-
gnirent personne, ils produisirent
une gerbe de feu immense. Un de ces
brûlots qui sauta près de la batterie
royale, fut remarquable par une com-
motion dont l'effet se fit sentir à Boulogne et à près d'une lieue dans les
terres. Un autre nageant à fleur d'eau,
sauta tout-à-coup, et entraîna dans
le gouffre qu'il ouvrit sous les eaux,
une péniche française et vingt-un
hommes.

Cependant, l'effet du canon et de la
mitraille firent perdre beaucoup de
monde aux Anglais. Un seul de leurs
brûlots échoua sur la côte, sans produire aucun effet; la même mèche s'é-
teignit pendant le trajet; un autre encore arriva à terre intact. Le commandant de l'artillerie, entendant des cris
plaintifs vers les quatre heures et demie
du matin, commande trois grenadiers

et un tambour du trente-quatrième régiment, pour porter des secours, réclamés sans doute par des marins naufragés. En effet, ils sauvèrent un chasseur du dixième régiment. Dans le même lieu où leur camarade venait de recevoir leurs secours, une machine plate s'offre à leurs yeux : elle ressemble à un canot qui serait massif. Ils ne doutent point que ce ne soit un brûlot échoué ; ils s'empressent d'arracher la mèche pour en prévenir l'explosion. En examinant cette construction de brûlot, ils y trouvent une machine renfermant une mécanique, qui, arrachée plus tard, aurait communiqué l'incendie. Elle fut démontée, et l'on trouva dans son intérieur un mouvement de pendule monté pour plusieurs heures, et dont les ressorts tenaient à une forte batterie de fusil, qu'une détente aurait fait partir lorsque le mouvement de la pendule aurait fini son période ; le bassinet de la batterie était garni de poudre, et plusieurs mèches y aboutissaient ; on conçoit que ces mèches communiquaient à l'incendiaire. Il fut aisé de juger que les ressorts de ce brûlot avaient été montés de manière qu'il [eût échoué sur la côte, afin qu'étant aperçu, il fût peut-être conduit dans le port, où son explosion aurait produit des maux incalculables.

Les braves qui se sont jetés sur cette machine de destruction, et qui connaissaient parfaitement bien le danger qu'ils couraient lorsqu'ils en ont arraché les mèches, méritent au moins d'être connus et nommés, afin que la postérité puisse honorer un si beau dévouement : ainsi, on admirera le courage des grenadiers Duru, Aude, Letendre, et du tambour Labarrière. Tels furent les événemens de cette nuit infernale, qui pouvait être plus désastreuse, et qui, depuis si long-temps, était méditée par les Anglais.

« Je nomme cette opération des Anglais, horrible et lâche, dit le maréchal Soult, dans son rapport, parce

que c'est un attentat horrible contre
les lois de la guerre, que de chercher
à faire périr une armée par des moyens
qui n'exposent à aucun danger; parce
qu'on ne peut voir qu'une insigne lâcheté dans une attaque pareille, de la
part d'une croisière, ayant trois fois
plus de canons que la partie de la flotille française qui était en rade. Pourquoi Keith n'a-t-il pas imité la conduite
de Nelson, et n'a-t-il pas voulu combattre corps à corps la flotille française?
Cette entreprise, quel qu'en eût été
le succès, aurait mérité notre estime.
S'attaquer canons contre canons,
baïonnettes contre baïonnettes, tel
est le droit de la guerre; mais « une
» nation qui n'emploie que des poi-
» gnards, des complots et des brûlots,
» est déjà déchue du rang qu'elle pré-
» tend occuper. »

» L'histoire nous apprend que lorsque les nations sont capables d'obtenir
la victoire, elles méprisent, comme
Fabricius, les offres des médecins de

Pyrrhus, tandis qu'au moment de leur décadence, les moyens les plus perfides leur sont bons. »

———

La bataille de Rivoli était gagnée, et les Français, comme à l'ordinaire, avaient fait dans cette occasion des prodiges de valeur. Après la bataille, le général Monnier envoya le capitaine Regnier au village de Garda avec un détachement de cinquante grenadiers, pour en surveiller le lac, et favoriser un débarquement. Au moment où il visitait un petit poste placé en avant, sept Autrichiens parurent. Il ordonna de les attendre et de tâcher de les faire prisonniers, tandis qu'il allait rassembler dans le village le reste de son détachement. Quand il sort du village, il trouve son poste amenant les sept prisonniers. Craignant d'être attaqué, il se disposait à prendre dans les environs une position avantageuse; mais à cinquante pas de là, quelle fut sa surprise de rencontrer une colonne autrichienne, qu'il n'aperçut qu'à vingt pas, au détour d'un défilé. Le commandant autrichien somme le capitaine Regnier de mettre bas les armes, disant qu'il est son prisonnier. « Non, monsieur, répondit-il, c'est vous. J'ai désarmé votre avant-garde ; vous en voyez une partie. Bas les armes! ou point de quartier. » Ses soldats repètent ce cri.

Les prisonniers voyant qu'au premier feu ils seraient tués, criaient de toutes leurs forces à leurs camarades de se rendre. Tant de bruit effraya l'officier ennemi. Il veut parler, on ne lui répond qu'en criant : *Bas les armes!* Il propose de capituler ; non, lui répond le capitaine français , *bas les armes! et prisonnier.* « Mais , monsieur, ajoute-t-il, si je me rends, n'aurai-je pas de mauvais traitemens à éprouver? » Le capitaine Regnier lui donne sa parole d'honneur qu'il n'a rien à craindre. Alors le commandant autrichien s'avance, présente son épée, sa troupe met bas les armes. Le capi-

taine français craignant que les Autrichiens ne s'aperçussent enfin de son
petit nombre , les fit rétrograder. Il y
avait deux barques au bord du lac.
Uue certaine quantité d'Autrichiens
s'y jettent , sans les officiers puissent
les en empêcher. A peine sont-elles à
soixante toises du rivage , que ces barques trop surc.argées coulent bas. La
majeure partie se noye. Quelques instans après beaucoup d'impériaux refusent de marcher. Les officiers eux-
mêmes avaient l'air de partager cet
avis. Le capitaine français sent le danger qui le menace ; il en apprécie toute
l'imminence en entendant un de leurs
capitaines leur dire : « attendons encore. — Que dites-vous , monsieur ,
lui dit Regnier d'un ton ferme ? Où
est donc l'honneur? m'avez-vous rendu
les armes ? ai-je votre parole ? Vous
êtes officier , je compte sur votre
loyauté ; pour preuve , je vous rends
votre épée , et faites marcher votre
troupe, sans quoi je me vois forcé de

faire avancer contre vous une colonne de six mille hommes qui me suit. »

Le mot *honneur*, les victoires de l'armée d'Italie, et la colonne imaginaire, le décidèrent sans doute. « Je vais vous prouver, monsieur, que je connais l'honneur ; marchons, et je réponds que tout le monde me suivra. » Il parle alors en allemand à ses soldats ; le calme se rétablit ; ils arrivent sans aucun événement nouveau au camp français, « et l'on voit cinquante grenadiers amener dix-huit cents prisonniers du régiment impérial de Klébeck et d'un corps franc. »

———

A l'attaque de l'île du fort Vauban, un canonnier nommé Chéret, a la mâchoire emportée tandis qu'il pointe un canon. On le porte à l'ambulance, où il reste quelques jours. Mais il n'a pas la patience d'attendre l'entière guérison de sa blessure, et sollicite la permission de retourner au combat.

Sur le refus, et l'observation qu'il n'était plus en état de servir, ce brave soldat s'écria avec colère : « Ai-je donc besoin de mâchoire pour me battre ? j'ai deux bras et la vue bonne, c'est assez pour pointer un canon et abattre plus d'une mâchoire ennemie. »

———

Pendant la guerre d'Espagne, le colonel du premier régiment de la jeune garde, après s'être emparé, avec ses braves, de la ville d'Urles, défendue par huit mille hommes, réunit quelques officiers et quatre ou cinq dragons, et se mit à la poursuite de l'ennemi. Il arriva devant une colonne de quatre mille hommes ; il la longea par son flanc, tourna sur elle pour l'arrêter, et pénétra dans son centre où il enleva un drapeau après avoir tué l'officier qui le portait. Pendant ce temps, les grenadiers arrivèrent, et les quatre mille hommes mirent bas les armes.

A l'attaque de Saumur, tous les retranchemens et les batteries de la gauche de l'armée républicaine ayant été emportés, la compagnie de grenadiers du régiment ci-devant Picardie, se défendit avec un courage étonnant, et fit des prodiges de valeur. Obligés de céder au nombre et sommés par les Vendéens de mettre bas les armes, ces braves préférèrent se jeter dans la Loire, où la plupart périrent.

Le prince Charles, frère de l'empereur d'Autriche, qui avait acquis sur le bord du Rhin, la réputation de grand capitaine, venait de prendre le commandement en chef de l'armée d'Italie. Il était sur le bord du Tagliamento, quand une division de notre armée reçut l'ordre de franchir ce fleuve. Cet ordre fut incontinent exécuté par quatre mille grenadiers, ayant à leur tête les généraux Murat et Bernadotte. Ces braves se lancèrent à l'eau et gagnèrent la rive opposée,

malgré les efforts de la cavalerie autrichienne qui fut bientôt culbutée et
mise en pleine déroute. Les forts de
la Chiusa et Gradisca sont emportés
malgré l'obscurité de la nuit ; le prince
Charles n'a que le temps de se sauver ;
il perd dans cette affaire l'élite de sa
cavalerie, huit drapeaux et quarante-
six pièces de canon, avec les villes de
Palma, d'Udine, de Gemma, enfin
tout le territoire vénitien, jusqu'aux
confins de la Haute-Carinthie et de la
Haute-Carniole.

Les Français poursuivirent les Autrichiens, et Bonaparte fit attaquer
par la division du général Bernadotte,
la forteresse de Gradisca : elle pouvait
tenir long-temps si elle eût été assiégée
dans les formes ; mais sur-le-champ
toutes les attaques sont brusquées,
tous les ouvrages avancés de la place
sont enlevés, les grenadiers sont prêts
de monter à l'assaut. Avant de le tenter, Bonaparte écrit au gouverneur ;
et, tout en faisant l'éloge de sa défense, il le somme de rendre la place

dans dix minutes, le rendant responsable de tout le sang qu'il ferait verser par une plus longue résistance. Le gouverneur, qui voyait déjà les redoutables grenadiers dresser leurs échelles, capitula dans le délai prescrit.

L'armée française, harassée de fatigue, brûlée par des chaleurs excessives, et manquant de tout, sentit renaître son espoir lorsqu'elle aperçut les pyramides le 24 messidor au matin. Le soir elle n'était plus qu'à quelques lieues du Caire, dans un lieu nommé Embabé, où les vingt-trois beys avaient réuni toutes leurs forces : leurs retranchemens étaient garnis de plus de soixante pièces de canon.

Bonaparte les fit attaquer par une colonne de grenadiers, sous les ordres des généraux Desaix et Rampon. Dès que Mourat-bey s'aperçut de leur mouvement, il résolut de les prévenir, en les faisant charger avec la rapidité de l'éclair par un corps de cavalerie d'élite sous la conduite d'un bey des plus vaillans. « Les grenadiers laissèrent accourir les mamelucks sur eux, firent leur décharge à bout-portant, et les reçurent ensuite sur leurs baïonnettes, sans reculer d'un pas, tandis que la mitraille les culbutait les uns sur les autres. » Ne connaissant point ce genre de combat, ils ne purent le soutenir; une partie tomba sur sur la place, et l'autre vint mourir sous le feu croisé de deux divisions, dans l'intervalle desquelles elle s'était précipitée Au même instant, les retranchemens furent forcés malgré le feu de l'artillerie; le reste des mamelucks, qui en sortit au grand galop, vint encore se précipiter sur les baïonnettes françaises : le massacre devint horrible; la terre était jonchée de cadavres. Ceux qui échappèrent de cette boucherie furent se jeter dans le Nil, et se noyèrent.

Dans cette bataille meurtrière, presque tous les beys furent tués ou blessés: Mourat fut du nombre des derniers;

l'élite de leur cavalerie y périt ; plus de quatre cents chameaux chargés de bagages, et cinquante pièces de canon tombèrent au pouvoir des Français.

———

Les Anglais avaient conçu le projet de s'emparer de la Hollande : leurs flottes bloquaient la presqu'île du Helder, et l'or qu'ils avaient répandu, excitait l'insubordination parmi les marins de l'escadre batave, lesquels forçaient l'amiral Flory à se rendre prisonnier, tandis qu'ils arboraient le pavillon orange.

Par ce moyen, les Anglais pénétrant dans la rade du Texel, avaient pu débarquer facilement. Déjà le général Abercombrie avait obtenu quelques succès en contraignant le général hollandais Daendels à quitter les positions qu'il avait prises. Un corps russe s'était joint à celui du général Abercombrie, et l'armée anglo-russe, commandée par le duc d'York, marchait sur Alcmaër, en avant de laquelle les

Français et le général Brune, avec quelques renforts hollandais levés à la hâte, s'étaient retranchés. Ici, les grenadiers se signalèrent encore.

Le 19 septembre, à la pointe du jour, l'armée française fut attaquée sur toute sa ligne, et Brune fit preuve tout-à-la-fois, de génie, de sang froid et de courage. Il déjoua les manœuvres des ennemis, les culbuta sur leur centre au moment où ils croyaient l'envelopper, et les força, après un combat long et terrible, à quitter le champ de bataille.

On vit le général français dans la mêlée charger lui-même à la tête d'un bataillon de grenadiers, enfoncer et renverser tout sur son passage. Un cavalier cosaque, qui fondit sur lui la lance en arrêt, lui fit courir le plus grand danger. Il eût infailliblement péri, si l'un de ses guides, en détournant le coup, n'eût démonté le cavalier, auquel il coupa la tête d'un coup de sabre,

Par cette victoire la Hollande fut

sauvée, dix mille prisonniers, et l'amiral de Wenter rendus : la France en retira aussi quelques millions. Le duc d'York livra quatre lords, pour garans de sa parole.

———

Après la violation du traité, dit convention d'El-Arich (1), par les Anglais qui avaient circonvenu le grand-visir, Kléber se trouvait, avec les débris de l'armée française, dans la plaine de Coubé, près des ruines d'Héliopolis. Forcé de combattre contre des forces bien supérieures, le général rassembla toutes ses troupes pendant la nuit, qui n'est jamais très-

———

(1) Par cette convention, les Français devaient évacuer l'Egypte : en conséquence, le général Kléber, ne soupçonnant point de supercherie, avait fait remettre toutes les places fortes aux troupes du grand-visir. C'est après cette remise que l'Anglais Sidney Smith, qui avait signé le traité, fit déclarer que son gouvernement ne pouvait l'accepter. Kléber indigné dit à son armée : « Soldats, on ne répond à de telles insolences que par la victoire ; préparez-vous à combattre ».

obscure dans ces climats. Il rangea son armée en bataille et la disposa par carrés, donnant le commandement de l'aîle droite au général Friant, et celui de l'aîle gauche au général Reynier, tandis que le général Leclerc occupait le centre avec la cavalerie disposée par colonnes. L'artillerie était aussi au centre et se trouvait défendue par les grenadiers et les sapeurs armés de fusils. Cette armée ne formait pas plus de huit mille hommes.

Les Turcs rassemblés sous les ordres du visir, entre El-Hanka et Abouzabel, étaient au nombre de soixante mille. Six cents janissaires défendaient, à Matharié, le quartier-général de Nassif Pacha. Les avant-postes musulmans se prolongeaient d'un côté jusqu'à la mosquée de Sibelli-Halsem, et de l'autre jusqu'au Nil.

Partie à trois heures du matin, notre aile droite arriva au point du jour auprès de la mosquée. Quelques coups de canon avaient forcé six cents cavaliers turcs d'abandonner ce poste.

Tandis que les deux carrés de gauche se présentaient devant le village de Matharié , la droite se portait sur Héliopolis , afin de couper la retraite de l'ennemi.

En observant les mouvemens de l'armée turque, Kléber vit un camp de cavalerie et d'infanterie qui , après avoir fait un long détour , se dirigeait sur le Caire. Il fit charger cette colonne par les guides ; mais ils furent soudain enveloppés, et se fussent difficilement tirés de ce danger, si les grenadiers du 14e et 2e régiment n'eussent volé à leurs secours. L'ennemi , épouvanté à l'aspect de ces braves , tourna bride et s'enfuit avec la rapidité de l'éclair.

Alors le général Reynier commença l'attaque du quartier-général. Plusieurs compagnies de grenadiers s'avancèrent au pas de charge pour emporter le village de Matharié. Les janissaires, sortant de leurs retranchemens , attaquent la colonne française à l'arme blanche. Un combat terrible s'engage;

le carnage devient affreux. Les janissaires, que le feu des grenadiers arrête
de front, sont mitraillés sur leur flanc
par la colonne de droite, et tombent
sur nos baïonnettes. C'est en marchant
sur les morts et les blessés dont les
fossés sont remplis, qu'on enlève les
retranchemens. Les canons, les drapeaux et les queues de cheval, mar-
ques de la dignité des pachas, sont au
pouvoir des Français. Une partie de
l'infanterie turque se sauve dans des
maisons embrasées, et périt sous les
décombres; l'autre se précipite et
tombe sous le feu de la division Friant.
Le visir, accompagné d'un petit nom-
dre d'hommes, se sauve à peine à travers le désert, abandonnant un butin
immense.

Tout le monde fit son devoir dans
cette brillante occasion; les généraux
Reynier, Friant, Beliard, Verdier,
Zayonscheck, et le brave colonel Du-
ranteau, s'exposèrent comme le dernier soldat. Les grenadiers se couvrirent de gloire.

Cette victoire éclatante fit rentrer dans l'obéissance la plupart des villes d'Egypte qui s'étaient révoltées. Kléber fit alliance avec Mourat-bey. Ces deux braves se jurèrent une amitié éternelle. Mourat gouverna depuis la Haute-Egypte au nom de la république française.

———

A la bataille de Zurich, Armand, simple grenadier, se distingua par un grand acte de dévouement. Ce brave s'élança seul au milieu d'un bataillon ennemi, enleva le drapeau, tua trois hommes qui cherchaient à le défendre, et bientôt après, secondé par quatre de ses camarades, il fit mettre bas les armes à quatorze officiers et à cent soixante trois soldats. Un pareil trait ne pouvait rester sans récompense : l'intrépide Armand reçut un sabre d'honneur.

———

Un caporal de la neuvième compagnie du corps d'artillerie, nommé

Eglin, donna à la bataille de Persine la preuve d'un grand courage, accompagné du sang-froid le plus remarquable. Les timons rompus de deux caissons allaient forcer la compagnie d'artillerie légère à les abandonner sur le champ de bataille. Eglin, secondé par un de ses camarades nommé Gorsier, canonnier, court au parc chercher deux timons de rechange, les reporte sur le champ de bataille, et, malgré le feu de l'ennemi, se met au travail aussi tranquillement que s'il eût été dans son atelier, replace les deux timons, et parvient de cette manière à sauver les caissons. Voilà de ces traits auxquels on reconnaîtra toujours les Français.

Coste, caporal de la vieille garde, apercevant que le porte-drapeau de la dix-huitième demi brigade à laquelle il appartenait, se trouvait enveloppé par des hussards ennemis dont le nombre allait l'accabler, vole à son secours, fait face à l'ennemi, l'arrête, tue deux hussards, en blesse plusieurs autres, contraint le reste à prendre la fuite, délivre son officier et sauve le drapeau. Ce brave n'en demeure pas là : il voit un corps de Français obligé de se replier et de passer sous les tours de Neukirken, d'où les ennemis en force ne vont pas manquer de l'écraser. N'écoutant que son intrépidité, il se fait suivre de quelques-uns de ses camarades, court à l'entrée de la ville, brave une grêle de balles que l'on fait pleuvoir sur lui, s'empare des portes, les ferme, empêche ainsi les ennemis d'exécuter la sortie qu'ils méditaient, et, par ce trait d'une audace inconnue jusqu'à nos jours, facilite la retraite de ses compatriotes.

Le courage héroïque des chefs doit nécessairement inspirer celui des soldats, et faire naître parmi ces derniers des actions d'éclat. C'est ce qui est arrivé depuis le commencement des

premières guerres de la France avec
l'Autriche.

A la défense d'une redoute, un grenadier, après s'être battu avec intrépidité, reçoit un coup de fusil dans l'épaule. Un officier-général lui demande s'il souffrait beaucoup ? le brave, oubliant les souffrances et ne songeant qu'à la gloire de nos armes, répond à la question qui vient de lui être faite : « *La redoute est elle encore à nous?* sur l'affirmative, il s'écrie : « *Que m'importe ma blessure, puisque nous sommes vainqueurs?* »

———

Le général Rampon, grand officier de la Légion-d'Honneur, ex-sénateur, comte et pair de France, s'enrola en 1792, comme simple soldat, et devint bientôt grenadier. Il était sergent-major quand il reçut le grade de lieutenant dans cette guerre dont la cause fut si juste chez les Français, forcés de défendre leur territoire et leur liberté. Il fit ses premières armes en Italie.

Sa bravoure éclata dans un combat livré près de Nille-longue dans les Pyrénées. Le suffrage de ses soldats (1) l'éleva au grade de chef de bataillon sur le champ de bataille. Dans la montagne des Alberts, il enleva aux Espagnols un poste qu'ils défendaient avec fureur, et fut nommé colonel par les représentans du peuple.

Rampon ouvrit l'immortelle campagne d'Italie par un trait d'héroïsme. Il était alors, sous le général Bonaparte, colonel du vingt-unième régiment de ligne, surnommé depuis le *brave trente deuxième*. Le général autrichien, Beaulieu, après avoir renversé les positions où s'appuyait l'armée française, marcha vers la redoute de Montelezimo : s'il eut forcé ce dernier retranchement, il entrait une heure après dans Savone. Rampon venait de s'y replier en combattant

____

(1) C'était en 1793 ; les soldats, véritables juges de la valeur de ceux qui les conduisaient, pouvaient alors donner des grades.

depuis Montenotte ; quinze mille Autrichiens l'entourent. Le colonel français, plus intrépide, étend la main sur ses canons, et tout couvert du feu de l'ennemi, fait le serment de s'ensevelir sous la redoute. Quinze cents braves répètent ce geste et le serment. Alors les trois généraux ennemis commencent leur attaque impétueuse : ils tentent trois fois d'enlever la redoute d'assaut, et trois fois ils furent repoussés. MM. d'Argenteau et Roccavina, généraux autrichiens, furent grièvement blessés. Le général Beaulieu perdit quatre cents hommes.

Le serment de Montelezimo devint célèbre, et le directoire écrivit à ce sujet une lettre très flatteuse au colonel Rampon.

Pendant que le général Bonaparte livrait la bataille de Montenotte, Rampon sortit de sa redoute ; il poursuivit un corps d'Autrichiens jusqu'à la gorge de la montagne, et l'obligea de passer sous le feu du général Masséna qui occupait la hauteur. La retraite du corps autrichien se changea alors en déroute; les soldats jetaient leurs armes pour fuir plus vite. A Dégo, une colonne de Rampon rencontre un régiment qui vient renforcer l'armée autrichienne ; elle l'attaque et le force à la retraite. *Trois de ses grenadiers courent à travers plus de douze cents Autrichiens, saisir chacun un drapeau.* Les Français sont repoussés à la seconde attaque : Masséna arrive et court le risque d'être pris; il rallie l'armée, les grenadiers de Rampon, placés sur une éminence, attaquent et disputent le terrain pied à pied. L'ennemi sort de Dégo ; une décharge du trente-deuxième fait reculer tout ce qui n'est pas renversé. Dégo est emporté, et la colline couverte de corps étendus par la mousqueterie ou par la baïonnette des Français.

« L'ennemi s'était réfugié à Lodi : cinq grenadiers du trente-deuxième, impatiens d'y entrer les premiers, grimpent sur les murailles en s'entre aidant, sautent dans la ville, et font ouvrir les portes. Tous les Français s'y précipitent. » Au combat de Lonato, le trente-deuxième occupait un côteau au milieu de l'armée autrichienne. Un nuage de poussière annonce l'ennemi, ses colonnes gagnent la hauteur et pénètrent dans Lonato ; le trente-deuxième les suit, et les chasse de rue en rue. Des pelotons d'Autrichiens se refugient dans une maison du faubourg et refusent de se rendre ; la maison est emportée comme une redoute. Le général Bonaparte écrivait après le combat : « *J'étais tranquille, le brave trente-deuxième était là* » L'éloge d'un tel juge de la valeur fut comme un aiguillon lancé dans le cœur des soldats : ils firent écrire ces paroles sur leurs drapeaux.

La bataille de Lonato suivit ce premier combat. Le brave général Pigeon fut fait prisonnier ; le trente-deuxième était encore à une lieue du champ de bataille. Quand les grenadiers de ce régiment passèrent devant Bonaparte, Il leur dit : « *Grenadiers, soutenez votre gloire !* » Les canonniers, tristes et découragés revenaient sans artillerie, annonçant que l'avant-garde était battue : les soldats du trente-deuxième apprirent ce revers sans être ébranlés ; les grenadiers de Rampon dirent aux canonniers : *« Ces b......-là vous ont pris vos pièces ! eh bien, nous vous les rendrons ».* Ils marchent au pas de charge, la musique à leur tête. Un canon était braqué sur la route, le premier coup qu'il tire ne sert qu'à précipiter les pas des grenadiers ; ils l'enlèvent. L'Autrichien fut rejeté sur le lac de Garda, et le brave Pigeon délivré avec tous ses soldats. Rampon fut nommé général de brigade.

A la bataille de Rôvérédo, où Rampon tourna le camp ennemi, les Autrichiens se rallièrent au château de la Piétra, entre l'Adige et des rochers affreux. Deux canons braqués sur la route empêchèrent la cavalerie de passer ; alors on fit avancer la brigade de Rampon. Ses tirailleurs parvinrent à travers les rochers jusques sous les

murs du château ; le brave trente-
deuxième franchit à la course le défilé
qui le séparait du canon ennemi. Tout
le canon fut pris et la Piétra emportée.
Les Autrichiens, dans l'étonnement
de ce coup de main, se laissaient
prendre par centaines; dix hommes
faisaient poser les armes à des régimens
entiers.

Le général Rampon et le brave
trente-deuxième, après s'être signalés
aux combats de Saint-Georges et de
la Favorite, contribuèrent fortement
au succès de la bataille d'Arcole, et
se couvrirent de lauriers aux champs
de Rivoli, en faisant prisonnière une
colonne ennemie de plus de trois mille
hommes.

Rampon suivit Bonaparte en Égypte.
Il escalada les murs d'Alexandrie, entra
dans la ville à la tête de sa brigade et
y fit arborer le pavillon français. Il
commandait ses grenadiers à la bataille des Pyramides, lorsqu'ils abor-
dèrent avec impétuosité les retranchemens des Turcs, et soutinrent à la

pointe de leurs baïonnettes toutes les charges des mamelucks. Il entra le premier dans la ville de Suez, se distingua aux siéges de Jaffa et d'Acre, commanda la droite de l'armée à la bataille du mont Thabor, participa à la célèbre victoire d'Aboukir, soumit Damiette et le pays révolté, défendit enfin Alexandrie, jusqu'au moment où cette ville réduite aux dernières extrémités des calamités humaines, obtint, par sa valeur, une capitulation honorable, le 27 août 1801.

Le général Rampon revint en France; il y trouva le digne prix de ses exploits. Le premier consul de la république, en faisant l'énumération de ses services, le présenta comme candidat au sénat conservateur. Le premier corps de l'état s'empressa d'admettre dans son sein un guerrier qui avait si courageusement défendu sa patrie.

Le passage du mont Saint-Bernard, par l'armée française, étant l'entreprise la plus hardie que l'on ait exécutée depuis l'origine des siècles, nous avons cru en devoir placer ici les détails avec d'autant plus de raison, que ces fameux grenadiers, qui se couvrirent de gloire à Marengo, y arrivèrent par ce chemin jusqu'alors impraticable.

Il s'agissait de reconquérir l'Italie, et pour cela le premier consul voulait que l'armée de la république y tombât comme la foudre dont on est écrasé au moment que jaillit l'éclair.

Tandis que Bonaparté, à Dijon, pour mettre en défaut la politique des cabinets de l'Europe, passait en revue trois ou quatre mille hommes, de nombreux batillons (1), de l'artillerie et des munitions filaient à marches forcées du côté de Genève, par diffé-rens chemins ; lui-même s'y rendit bientôt, avec l'intention apparente de visiter les bords du lac, feignant même d'avoir le désir de s'y fixer quelque temps. Mais tout-à-coup il se rend à

______

(1) Les divisions se formaient en chemin.

(214)

Lausanne, où se trouvait déjà l'avant-garde de l'armée française, comman-dée par le général Lannes. Bonaparte la passe en revue et dirige lui-même sa marche vers le bourg de St.-Pierre, à six milles du couvent des hermites qui habitent le sommet du Saint-Bernard. L'armée stationne à Martinack, presque au pied de la montagne ; elle s'y repose trois jours pour se préparer à de nouvelles fatigues.

C'était un spectacle singulier dans ces contrées sauvages, qu'une telle réunion d'hommes, de chevaux, d'artillerie, qui se présentaient tout à la fois pour franchir un pas si difficile. La perspective d'une des plus hautes montagnes de l'Europe, à gravir sur sur un chemin de dix-huit pouces de larges, pratiqué sur des rochers à pic, bordés de montagnes de neige mena-çant de s'ébouler sur la tête des voya-geurs ; des abîmes où de chaque côté le moindre faux pas était dans le cas de les entraîner, n'effraient point le courage des soldats français : ils se

préparent à y monter comme à un jour
de fête, et veulent eux-mêmes transporter l'artillerie et les munitions sur
des pentes où les chevaux et les mulets
ne sauraient les conduire. On démonte
les affuts, les canons et les caissons
sont placés dans des troncs d'arbres
creusés en forme d'auges. Cent hommes, attelés à un câble, les traînent
à la prolonge. Les caissons vides et
les essieux sont conduits par des traîneaux fabriqués à Auxonne. Les mulets sont chargés de munitions renfer-
mées dans des caisses de sapin. Pour
encourager les soldats, Bonaparte
promet une récompense de mille francs
par canon amené, avec son caisson,
au-delà de la montagne. Mais, dans
une telle circonstance, qu'a-t-on besoin d'exciter des grenadiers français
par l'appât d'une récompense ? Ils
donnent l'exemple, et chacun avec eux
dispute l'honneur de traîner ces far-
deaux ; officiers et soldats veulent y
concourir. Après deux jours de travaux pénibles et de fatigues inouies,

on apporte à ces braves la somme promise, ils la refusent ; la seule récompense qui paraît digne d'une telle action est la gloire ! Le reste des soldats grimpe un à un chargé de ses armes, de munitions et de vivres pour cinq jours. Leur fardeau est doublé par celui de leurs camarades employés aux transports, dont il portait les armes, la nourriture et les munitions. Ce poids était au moins de soixante-dix livres.

Le 17 mai, l'avant-garde française quitte Saint-Pierre ; la montagne commence à devenir assez rapide pour ne pouvoir plus y faire usage de voiture, et ne plus y trouver de chemins battus.

Le général Watrin, commandant la première division, avait été suivi de l'armée qui se trouvait réunie à Saint-Pierre.

De ce lieu au sommet du Saint-Bernard on ne trouve plus qu'un sentier étroit, capable à peine de recevoir un seul homme de front ; les transports se font à dos de mulets. Des rochers entassés, entre lesquels on passe par mille détours , effraient continuelle-ment les regards. Le chamois et l'al-louette sont les seuls habitans de ces contrées. Le voyageur, en s'élevant , s'éloigne de tout ce qui respire : les nuages se forment à ses pieds; il n'a-perçoit autour de lui que d'énormes masses de neiges se perdant dans les airs; il n'entend que le bruit des ava-lanches se précipitant dans les abîmes avec un bruit épouvantable , tandis que la Durance et la Doria roulent leurs eaux dans les sinuosités de ces montagnes. La végétation est à peu près nulle dans ce lieu désert; les derniers sapins sont à une lieue de Saint-Pierre ; plus loin se trouvent seulement quelques buissons épars et des arbres avortés. Les animaux ne laissent aucune trace sur la neige dur-cie de ce terrain glacé , où la nature semble morte, où règne enfin un hiver éternel.

C'est sur ces monts escarpés, au

milieu de ces précipices, que s'avance l'armée de l'Annibal français, portant son artillerie, ses munitions et ses vivres. Dans les lieux les plus difficiles, le pas de charge se fait entendre ; les bataillons entonnent des chants guerriers, et les obstacles sont bientôt vaincus. Si quelque soldat s'éloigne imprudemment de la ligne étroite que l'on s'est tracée, il est infailliblement englouti. C'est dans la neige sur laquelle il marche que le soldat trempe son biscuit pour se désaltérer. C'est en chantant qu'il se délasse de ses fatigues. Cinq heures sont employées le 18 mai, à parvenir à la cime du Saint-Bernard, vers la maison des hermites, dont nous dirons deux mots en passant. Cette maison hospitalière fut fondée par un habitant de la Savoie, au dixième siècle. L'endroit où elle est située passe pour le point le plus élevé du globe où l'homme ait fixé sa demeure. Ces cénobites, étrangers au reste du monde, ne sont en relation qu'avec quelques voyageurs que la cu-

riosité ou le besoin amènent sur ces
roches désertes. Tous les hommes,
quels que soient leur rang, leur pays
ou leur croyance, sont bien accueillis,
et recoivent l'hospitalité dans leur
monastère. Ces pieux religieux ne bor-
nent pas là leurs soins envers les voya-
geurs. Le but de leur institution est
de guider ceux qui sont egarés, et
d'aller à la recheche de ceux que le
froid aurait saisis au milieu des neiges,
ou que des avalanches auraient préci-
pités dans des fondrières.

Des chiens, dressés par eux pour
aller à la découverte de ces infortunés
prêts à périr, manquent rarement
l'occasion de les rencontrer. Alors ils
les caressent, semblent leur dire de
prendre courage, et reviennent au
couvent, où par leur air inquiet et
et leurs divers mouvemens, ils annoncent qu'il y a un malheureux à secourir. Soudain on leur pend au col un
panier rempli d'alimens réchauffans ;
on les suit armés de longues perches
et autres instrumens pour dégager le

patient, s'il se trouve enseveli sous la neige ; on le transporte à l'hospice où tous les secours lui sont prodigués, et de cette manière on parvient souvent à arracher des victimes à la mort.

C'est en ce lieu que, d'après les ordres du premier consul, l'armée trouva des tables dressées sur la neige ; les soldats y prirent un repas inattendu, qui, malgré sa frugalité, leur parut délicieux : il était nécessaire pour réparer leurs forces épuisées. Les religieux procédaient à cette distribution de vivres avec une complaisance et une gaîté admirables. A ce tableau singulier, se joignait celui du terrain couvert de canons, d'affuts, de caissons, de traîneaux, de brancards, de mulets, de chevaux, de bagages, de munitions, sur un plateau glacé d'où l'on dominait l'Italie et l'ancienne Gaule.

Arrivé sur ce sommet, on n'avait pas surmonté les plus grands obstacles. La descente du mont Saint-Bernard à Verny, premier village du

Piémont, promettait moins de fatigues, mais offrait encore plus de dangers. Il restait six lieues à faire, mais
que l'extrême rapidité de la descente
rendait terribles. Le cavalier fut obligé
d'y précéder, ou d'y suivre son cheval ; il ne pouvait marcher à son côté
sans s'exposer à tomber dans des abîmes. On ne pouvait faire quelques pas
sans trouver des crevasses formées
par la fonte des neiges ; les chevaux
faisaient souvent des glissades périlleuses. Les hommes, malgré toutes
leurs précautions, tombaient fréquem-
ment, et s'ils ne se relevaient leste-
ment, ils couraient risque d'entraîner
leurs chevaux hors du sentier, et de
périr avec eux. On en vit glisser et dis-
paraître plusieurs de cette manière :
ils se trouvaient ensevelis dans des
précipices d'une effroyable profondeur.

Bonaparte, après s'être reposé une
heure au monastère, voulant rejoin-
dre son armée, suivit un sentier frayé
par quelques fantassins. Vers le mi-

lieu du chemin, la descente se trouva si rapide qu'il fut obligé de s'asseoir et de se laisser glisser une hauteur d'environ deux cents pieds. Ses aides de camp précédaient les colonnes dans cette marche pénible; elle dura depuis une heure du matin jusqu'à neuf heures du soir. L'armée employa trois jours à défiler et à se rendre à Etroubles, près d'Aoste et des avant-postes autrichiens. Elle y revit la verdure; des fleurs émaillaient le gazon; une chaleur étouffante remplaçait l'air glacial dont on avait tant eu à souffrir, de manière que ces troupes éprouvèrent, dans une même journée, les rigueurs de l'hiver le plus froid, la douce température du printemps, et les chaleurs de l'été le plus brûlant.

Au fameux passage du Rhin, immortalisé par Boileau, Louis XIV et son infanterie passèrent dans des bateaux, la cavalerie seule traversa le fleuve, non à la nage, mais à un gué (1).

_____

(1) Une armée hollandaise se trouvait à la vérité sur l'autre rive, mais effrayée de tant d'audace elle

Dans la dernière guerre, les Français en ont plusieurs fois fait le trajet comme une route ordinaire. En convenant que nul obstacle n'a jamais pu ébranler leur courage, ils n'avaient cependant exécuté encore rien de pareil. Le passage des Alpes par Annibal, il y a deux mille ans, paraissait difficile à concevoir : Annibal avait des chevaux et des éléphans à conduire ; mais il n'avait point d'artillerie ni de munitions embarrassantes à transporter. Annibal perdit la moitié de son armée ; Bonaparte eut à regretter peu de monde. Les troupes carthaginoises furent découragées de tant de fatigues, les Français les supportèrent en chantant. Annibal ne pénétra sur les Alpes que par un point unique ; Bonaparte attaquait son ennemi par tous les passages, comme par tous les défilés praticables de cette chaîne de montagnes. Au même moment, le général Moncey traversait, avec vingt mille

---

n'attendit pas le débarquement des Français pour prendre la fuite.

hommes, le Saint-Gothard, et marchait sur Bellinzone et Milan. Le général Béthancourt gravissait, avec trois mille hommes, le Simplon, pour descendre dans les plaines du Tessin, tandis que le général Chabran, à la tête de quatre mille hommes, entrait dans la vallée d'Aoste par le petit St.-Bernard ; le général Thureau descendait du mont Cénis et du mont Genèvres, pour attaquer Turin.

Enfin, le général français sut, par sa tactique, conduire une opération militaire des plus compliquées, sur un terrain aussi étendu, harceler de tous côtés son ennemi, le forcer d'abandonner ses projets, le menacer de lui couper la retraite vers l'Allemagne, et le conduire, malgré lui, dans les plaines de Marengo, champs à jamais illustrés par les palmes immortelles qu'y cueillirent les Français.

De toutes les batailles qui illustrèrent nos armes, celle de Marengo est

l'une des plus célèbres, tant par ia valeur des guerriers qui y combattirent
de part et d'autre , que par les avantages incalculables qu'en retira la
France. Jamais succès ne fut mieux
disputé et plus long-temps balancé.

Cent bouches à feu faisaient voler la
mort dans nos rangs : la cavalerie ennemie manœuvrait pour tourner notre
droite ; douze cents grenadiers de la
garde consulaire avaient déjà soutenu,
sans s'ébranler , plusieurs charges
très-meurtrières ; nos ailes étaient dé
bordées et notre cavalerie enfoncée.
Nos généraux considéraient la bataille
comme perdue , quand deux divisions
commandées par Desaix, arrivent de
dix lieues , et se forment en colonnes
serrées sous le feu de l'artillerie autrichienne, malgré qu'elle emporte à
chaque volée des rangs entiers.

Tandis que le premier consul par-
court les bataillons , et les anime du
feu de son courage, Desaix s'avance,
au pas de charge , à la tête de ses soldats. Déjà les fossés sont franchis par

les grenadiers , tout ce qui s'oppose à leur passage est écrasé, et la terrible baïonnette ouvre un champ libre à nos braves, en moissonnant l'aile gauche de l'armée autrichienne. Mais hélas ! qu'un tel succès nous coûte cher ! l'intrépide Desaix, frappé d'une balle, tombe sous le poids de ses lauriers. Le héros laisse échapper ces mots, d'une voix défaillante : « *Allez dire au premier consul, que je meurs avec le regret de n'avoir pas assez fait pour la patrie.* »

En apprenant cette nouvelle, Bonaparte s'écrie : *Ah ! pourquoi ne m'est-il pas permis de pleurer ?* Les soldats de Desaix, tels que ceux de Gaston, dans les champs de Ravenne, animés du désir de venger leur général, chargent avec plus d'impétuosité encore ; et l'ennemi , enfoncé sur tous les points, malgré sa résistance opiniâtre , est bientôt en pleine déroute. La victoire n'est plus douteuse : elle distribue ses couronnes aux amans de la valeur.

Le jeune prince Eugène de Beauharnais, héros à qui la France s'honore d'avoir donné le jour, se fit remarquer par son sang-froid et son courage. Joséphine eut, à cette occasion, le plaisir bien doux pour une mère, de s'entendre dire par son époux lui-même : « Madame, votre fils marche rapidement à la postérité ; il s'est couvert de gloire dans toutes les affaires que nous avons eues en Italie : il deviendra un des plus grands capitaines de l'Europe. »

Le lendemain de la bataille, nos grenadiers se disposaient à déloger l'ennemi du pont de la Bormida ; mais un parlementaire, envoyé par le général Mélas, fait cesser les hostilités. Un armistice fut signé le 15 juin 1800, et l'on remit à l'armée française les villes d'Alexandrie, de Tortone, de Milan, de Turin, de Pizzighitone, d'Arona, de Plaisance, de Céva, de Coni, de Gênes et de Savone.

Après avoir franchi le mont Saint-

Bernard, l'armée française, laissant derrière elle Aoste dont elle s'était emparée, s'avança fièrement au sein du Piémont, et se trouva à quelques milles d'Ivrée : là sont deux montagnes dont les flancs forment le val d'Aoste, et qui se rapprochant ensuite, ne laissent entre elles qu'un espace de cinquante mètres rempli par la Doria-Baltea. Ce détroit supporte un plateau sur lequel est bâti la petite ville de Bard, assez mal fortifiée, mais ayant pour la défendre un excellent château fondé sur un roc qui borde la Doria : cette petite place forme la ligne limitrophe du Piémont et de l'Italie. Elle semblait à l'Autriche un pouvoir inexpugnable. Ce rocher, par son élévation presque taillée à pic, présente un fort inabordable, et a assez exactement la forme d'un pain de sucre ; au pied du roc est une vallée qui peut avoir mille mètres de largeur ; on voit sur sa droite serpenter la Doria.

Cette rivière profonde et rapide est remplie d'écueils ; ses deux rives, surtout du côté du fort , sont hérissées de rochers inaccessibles ; enfin elle est défendue par vingt pièces de canons et six cents hommes de garnison. Cependant le 23 mai 1800 , l'avant-garde française aborde ces lieux si redoutables ; elle arrive à une demi-lieue du château de Bard. L'ennemi était posté sur les hauteurs qui dominent le village ; des rochers à pic ne rebutent point une colonne qui les tourne en les gravissant , et force l'ennemi à se renfermer dans ses murs. *L'ordre vient d'être donné par le général Berthier de se rendre maître de la ville : elle est prise aussitôt ; les sapeurs et les grenadiers baissent les ponts-levis , enfoncent les portes , et l'on y entre.*

Trois compagnies de grenadiers se logent dans la ville. On bloque le château à la portée de fusil : l'audace des Français était grande. Ils entreprennent ce siége, et ils n'ont que pour cinq jours de vivres. En attendant les événemens ils fusillent l'ennemi qui se montre aux embrâsures ou sur les cré-

naux. Il était urgent d'enlever ce fort,
ou il fallait se résoudre , pour se procurer des vivres , à faire un circuit
immense. Ainsi la nécessité et la gloire
doivent animer incessamment les
Français, pour forcer la nature et la
résistance humaine.

A minuit une attaque est résolue.
Toutes les compagnies de grenadiers
marchent en silence vers les rochers
qui entourent le fort ; elles le gravissent, franchissent les palissades malgré une pluie de balles. Les Autrichiens
sont poursuivis à la baïonnette dans
les ouvrages avancés ; ils en sont chas-
sés et forcés de se retrancher dans le
château ; mais ils n'y sont pas plutôt
rentrés qu'une nouvelle grêle de balles
et de mitraille en sort pour pleuvoir
sur les Français. Enfin on jette des
obus à la main ; tout est employé pour
écraser l'assaillant : on lui lance jusqu'à des quartiers de roches.

Les Français jugeant alors la retraite
nécessaire , l'opérèrent tranquillement. Cependant il fallait trouver un

(231)

passage à l'armée. Sur le rocher ,
nommé Albarado , on découvrit , en
grimpant d'escalier en escalier , à travers ses sinuosités, une route vers le
Piémont. Quinze cents grenadiers et
sapeurs sont commandés pour y
frayer un passage. Dans les parties du
roc escarpé on taille des escaliers ; là,
où un sentier étroit est bordé à droite
et à gauche de précipices , on élève
des gardes-fous. Les excavations pro-
fondes sont remplies par des ponts ,
et réunissent ainsi des rochers sépa-
rés. Enfin sur une montagne regardée
comme inaccessible , même à des fantassins, on voit avec étonnement la
cavalerie effectuer son passage. On vit
le premier consul , accompagné de
Berthier , aller visiter les travailleurs
qui établissaient la route du mont Albarado. Il monta à pied sur la cime du
rocher : de-là on découvre parfaitement le château. Abattu par une chaleur excessive et par la fatigue d'une
route escarpée , aussi raboteuse , le
premier consul s'endormit à l'ombre.

Le soldat français qui aimait son général autant qu'il le respectait, défilait en silence, pour ne point déranger le sommeil de celui qui, partageant ses travaux et ses dangers, le conduisait si souvent à la gloire. Toute merveilleuse qu'était cette route taillée dans le roc, elle était moins praticable que celle du mont Saint-Bernard, et ne pouvait suffire pour le passage de l'armée, et surtout pour le train d'artillerie : une seule pièce de canon avait été placée sur le clocher de Bard ; tandis qu'on la fait jouer contre le fort, l'ennemi peut voir dans le plus grand étonnement, et avec admiration, l'effet d'un courage prodigieux : des soldats français ont chargé sur leurs dos deux pièces de quatre ; ils les transportent ainsi à travers le col de la Coul. Quelle constance ! Quelle amour de la gloire ! il fallut trente heures pour gravir avec cette charge des rochers affreux, et arriver sur les hauteurs qui dominent le château, afin de les mettre en batterie.

L'avant-garde était déjà à la vue de l'ennemi ; ses canons lui étaient d'une utilité sans doute indispensable, et il était facile de sentir les graves inconvéniens qui résultaient de la longeur du passage, par le mont Albarado. Bien que les Français fussent maîtres de la ville de Bard, toute communication était interceptée sur la route située au-dessous du fort, parce que l'ennemi y vomissait un feu continuel d'artillerie et de mousqueterie. Afin d'obvier à tant d'inconvéniens, le plan le plus audacieux fut formé et exécuté ; on commanda des braves pour traîner pendant la nuit, sous le feu du château, des pièces d'artillerie à travers la ville. L'homme, et surtout le Français, est tellement amateur de tout ce qui tient du merveilleux, que cet ordre fut exécuté avec enthousiasme.

Les roues furent enveloppées avec du foin, et le pavé fut couvert avec du fumier. On tâchait de saisir le moment le plus favorable pour faire passer le plus doucement possible trente hommes attachés à la prolonge d'une pièce ou d'un caisson. L'ennemi était trop près ; il s'en apercevait , et faisait jouer son artillerie vers ce bruit confus qui frappait ses oreilles au sein de la nuit , et l'on emportait alors quelques morts ou quelques blessés. Le zèle du général Marmont contribua beaucoup au succès de l'entreprise ; son activité est au-dessus de tout éloge : il commandait l'artillerie, et il était partout. La garnison ne cessant de voir des prodiges de valeur de la part des Français , s'alarma sur sa propre situation. Elle tint encore jusqu'au premier juin ; mais elle craignit d'être emportée d'assaut ; elle se rendit , redoutant trop des hommes qu'elle avait vus franchir d'une manière si leste le roc d'Albarado , portant leur artillerie sur le dos , sans s'inquiéter du feu qui était lancé sur eux de toutes parts.

'Au combat de Bormio , dans la Valteline, une redoute qui vomissait la mort n'arrêta point les grenadiers fran français, qui, bravant les périls, marchèrent pour s'en emparer. Un conscrit, se trouvant dans leurs rangs, se précipitait sur la redoute..... Jeune homme! que fais-tu là ? lui dit un grenadier dont il gênait le passage, ce n'est pas ta place. Le conscrit piqué de ce propos, s'élance dans la redoute avant les grenadiers, et, se tournant vers eux, se met à crier : *A moi les grenadiers et les conscrits !* Les Autrichiens, effrayés de tant d'audace, abandonnèrent aux vainqueurs dix-huit pièces de canon ; douze cents de leurs morts couvraient le champ de bataille, et les Français firent dans cette affaire quatre mille cinq cents prisonniers.

Après le passage à jamais célèbre du mont St.-Bernard, celui du Splugen est une des opérations les plus gigantesques qui aient été mises à fin depuis bien des siècles. C'est là que la circonstance triompha des obstacles, et que la valeur française put seule paralyser le danger ; mais l'on venait de gagner le bataille de Marengo, et l'esprit de nos guerriers était monté au niveau des plus grandes choses.

Au mois de novembre 1800, malgré les rigueurs excessives de la température et l'âpreté du climat, les Français osèrent défiler dans la vallée des Grisons et s'approcher des éternels glaciers qui la terminent. Précédé par des compagnies de grenadiers et de sapeurs, le général Verrières, commandant l'artillerie d'avant-garde, ouvrit la marche de cette colonne, plus redoutable par le courage opiniâtre des soldats que par leur nombre. Les premières pièces arrivèrent à Tusis le 24 novembre, mais les traîneaux de l'armée s'étaient trouvés trop pésans pour des neiges si molles. On fut contraint d'avoir recours à ceux du pays, plus faciles à diriger, et qui ne laissaient sur la neige qu'une légère impression, bientôt effacée par la neige nouvelle que le ciel et les rochers envoyaient continuellement et avec abondance.

Le secret de ce mouvement, la disette des provisions, les hostilités renaissantes, tout exigeait de la promptitude dans l'exécution. Quelques escadrons de dragons et de hussards, sous les ordres du général Laboissière, suivirent, à une marche près, le général Verrière : ils traversèrent Coire, remontèrent le Rhin, et bravant les rochers et les précipices, furent le 24 novembre au pied du Splugen, où se trouvait encore une partie de l'artillerie, arrêtée par le mauvais temps et le manque de traîneaux. Le 27, cette tête de colonne se mit en chemin pour gravir la montagne ; mais un accident affreux l'attendait.

Elle s'avançait avec lenteur, et ses efforts pénibles ne l'avaient encore portée qu'à la moitié du penchant, quand tout-à-coup une avalanche suspendue au sommet se détache et roule avec un bruit épouvantable. Cette masse engloutit trente dragons ; les autres s'arrêtèrent pour chercher leurs infortunés camarades. Bientôt la sombre nuit de ces climats vint ajouter à toutes ces horreurs. La colonne fut obligée de revenir sur ses pas pour se dérober au naufrage certain que lui préparaient ces vastes mers de neige.

Cependant le général Laboissière, suivi de quelques grenadiers, avait gravi jusques au sommet, et serait peut-être mort de fatigue et de froid, si deux paysans ne l'eussent porté jusqu'à l'hospice. Cette première tentative n'eut pas d'autres résultats, et le général isolé, sans vivres, sans espérance, était dans une funeste position.

On fit les plus grands efforts pour le dégager ; mais on resta quatre jours sans pouvoir y reussir. Enfin le général Dumas étant arrivé à Splugen, les obstacles ne résistèrent pas à son activité. Le chemin fut ouvert par quarante paysans ; des bœufs foulèrent les neiges pour leur donner de la consis-

(239)

tance ; et le premier décembre et
jours suivans , la colonne , suivie d'un
convoi d'artillerie, effectua ce passage.
L'intrépidité du général Verrières contribua beaucoup au succès : l'âge avait
veilli son corps ; mais son âme était
encore animée du feu de la jeunesse.
On fit passer soixante traîneaux et
cent mulets chargés de l'artillerie :
quelques-uns périrent , des traîneaux
se brisèrent ; on laissa à l'hospice quarante-cinq hommes gelés : voilà quels
obstacles ces braves eurent à vaincre.
Mais les troupes qui accompagnaient
le général en chef , devaient en éprouver encore de plus grands. A peine
cette tête de colonne fut-elle passée ,
qu'un vent violent combla tous les
sentiers et la sépara du reste de l'armée.

Le général Macdonald s'avançait sur
ces entrefaites dans la vallée du Haut-
Rhin. Le chemin ne fut pas absolu-
ment mauvais jusqu'à Bonadutz; mais
les difficultes commencèrent dans le
trajet de ce village à Tusis. Ce bourg

atteint avec peine, on se trouve au bas d'une seconde montagne : alors on gravit avec d'incroyables efforts pendant plus de deux heures, et le général arriva sur les bords d'un précipice dont les profondeurs échappaient à l'œil. Il s'en élevait sans cesse un sourd mugissement causé par la fuite du Rhin à travers les rochers qui semblaient vouloir l'emprisonner. Plus on s'avançait, et plus la vallée se resserrait. On entra bientôt dans la Via-Mala ; cette gorge de vingt toises environ de largeur, est formée par deux énormes rochers que la nature a entr'ouverts. Pendant trois lieues un chemin étroit, taillé dans le roc, abîmé par les neiges et les torrens, borde ce gouffre qui exhale une épaisse vapeur produite par le courroux des flots contre les rochers. A chque pas on rencontrait des obstacles : tantôt on était arrêté par les pins et les quartiers de roc qui tombaient, détachés de la cime des montagnes ; tantôt par les cruels accidens dont ces routes de glaces menaçaient toujours les hommes et les chevaux. Mais le spectacle le plus triste, le plus capable de faire reculer, c'était de voir les malheureux gelés qu'on rapportait lentement à Splugen.

Macdonald avait dépassé Tusis, et se trouvait au niveau du Rhin, quand une troisième montagne se présenta; elle était plus horrible que les autres. Les rochers, arrondis en voûte, menaçaient de leur chute : ils étaient hérissés d'énormes cristaux formés par la glace, et paraissaient vouloir se détacher. Cette fois encore on parvint au sommet, et l'on gagna enfin Splugen. Les difficultés surmontées jusqu'alors n'étaient rien à l'aspect de cette masse de neige qu'il fallait avoir franchie le lendemain. Macdonald s'étonna ; mais ce chemin étant le plus propice à ses vues, il ne vit plus tous les obstacles qui le rendaient impraticable. Les élémens vinrent encore ajouter leurs ravages à ceux des siècles. Avant le jour naissant, s'éleva une tempête affreuse, dont la violence, précipitant les neiges fixées au sommet, combla les précipices et nivela tout le penchant de la montagne. Des arbres déracinés étaient enlevés à une distance immense. Les paysans, rassemblés pour ouvrir le chemin, déclarèrent au général que le passage était impossible. Cependant il n'y avait pas de vivres à Splugen pour que la colonne pût y séjourner; ainsi de quelque côté que le général tournât ses regards, la tempête ou la faim lui présentait la mort. Elle était très-propable si l'on avançait; certaine si l'on demeurait. Il fallait, ou l'aller chercher effrayante au milieu des précipices, ou l'attendre lente et cruelle au pied de la montagne. La résolution du général est bientôt prise; déjà les grenadiers sont en mouvement: les mulets manquent pour les transports; il propose une prime à ceux qui voudront s'en charger; *tous se présentèrent pour rendre ce service, et tous en refusèrent la récompense.*

L'opération était commencée ; mais les paysans, qui seuls connaissaient le terrain, avaient fui pendant la nuit pour éviter la mort, que, selon eux, cette colonne allait chercher. Un homme arrivé tout-à-coup, annonce que les jallons, seuls guides dans ces lieux affreux, ont disparu, que les gouffres cachés sous la neige ont dévoré les audacieux Français qui ont osé s'aventurer. Non, disait-il, d'un air effrayé, il n'est pas au pouvoir des hommes d'aller plus loin. Ce rapport jette quelque incertitude dans l'esprit des soldats ; mais l'exemple du général et de ses intrépides grenadiers les rassure. Cependant beaucoup de ces braves tombaient gelés ; les soldats, aveuglés par des tourbillons de neige, ne voyaient ni ceux qui les précédaient, ni les traces de leurs pieds. Le découragement se mettait dans l'armée, et tout était perdu, si Macdonald, saisissant les outils et s'ouvrant lui-même un passage, n'eût ranimé les courages abattus. Son exemple eut des imitateurs dans tous les généraux et tous les officiers. Pas un ne crut la pioche indigne de ses mains. De cette manière, après des efforts presque surhumains, on atteignit l'hospice, et l'on traversa la plaine où il est situé. Bientôt on arriva au revers, et l'on descendit la rampe étroite et rapide du Cardinel, qui, treize fois, se replie sur elle-même.

La colonne aperçut enfin Campo-Dolcino et elle respira. Ce passage coûta cent hommes et quelques chevaux. La constance des grenadiers s'y fit particulièrement remarquer. Au bout de quelques jours le général en chef Macdonald put opérer sa jonction avec les généraux Vandamme et Brune.

L'armée de Portugal poursuivait l'armée anglaise, sous les ordres du général Wellington, qui, de Burgos, s'était portée sur Valladolid. Les Anglais avaient fait couper plusieurs ponts pour protéger leur retraite, entre autres celui de Tordesillas avait été rompu de manière que la tour qui le surmonte était restée du côté de l'ennemi, qui continua d'y tenir une garnison de trente hommes, soutenue par des postes embusqués derrière des murs, et par un bataillon de Bruns-wick, formé dans un bois de sapins. L'occupation de la rive opposée par les Anglais, rendait aux Français la réparation du pont impossible, et les retardait dans leur poursuite sur les derrières de l'armée ennemie.

Alors le capitaine Gingré proposa une entreprise hardie, et dont l'exé-cution lui fut confiée. A la tête de onze officiers et de quarante grenadiers et sapeurs du génie, qui s'offrirent pour passer le fleuve à la nage, il s'y jeta, protégé par l'artillerie. Cette poignée de braves avaient réuni leurs armes et leurs gibernes sur un assemblage de planches, traîné par des nageurs. A travers une longue fusillade, ils arri-vèrent à la rive opposée, prirent leurs armes, attaquèrent, nus, la garnison qui gardait la tour et le château, et lui firent onze prisonniers. Ce beau fait d'armes, où les officiers et les soldats rivalisèrent de courage et de vitesse, étonna tellement, par sa hardiesse, le régiment de Brunswick, qu'au lieu de venir attaquer ces braves, il prit la fuite en toute hâte. Outre le capitaine Gingré, qui proposa et dirigea cette expédition, et qu'on était accoutumé de voir partout où il y avait de la gloire à acquérir, on distingua le capitaine Chastagnac, le lieutenant Rose, et les grenadiers Jacquemart, Galo, Molrat, Geoffroi, Gabriel, Lagrange.

———

Le 9 février 1813, les Espagnols, débarqués au nombre d'environ six cents sur la plage au-delà de la montagne où est situé le *Bouton de Rose*, et conduits par des gens du pays, pénétrèrent dans la ville. Après avoir démoli une muraille en pierres sèches, qui servait de barricades, ils se por-

tèrent sur la place , où était le poste
principal et la caserne des grenadiers.
La sentinelle , à leur approche , cria :
Qui vive ? il lui fut répondu , France.
Mais voyant venir beaucoup de monde
à elle , elle cria aux armes ! Un officier
et plusieurs soldats espagnols s'élan-
cèrent sur elle , et lui dirent en français : Ne fais pas de bruit, il ne te sera
fait aucun mal. Mais ce brave , reconnaissant alors les ennemis, cria : Aux
armes , plusieurs fois et avec plus de
force, et tomba sur-le-champ , percé
d'un coup d'épée et de quatre coups
de baïonnettes.

La garde, avertie par le cri de ce
courageux soldat, avait pris les armes,
et s'était formée à la porte de ce corps-
de-garde, déjà investi par une centaine
d'hommes. Le sergent Benoît Barbe,
suivi des hommes du poste, se préci-
pita le premier sur l'ennemi, et reçut
trois coups de feu, dont un lui perça
le bras : les soldats se précipitèrent sur
les Espagnols et les mirent en fuite.
Ils laissèrent sur la place trois des

leurs, mortellement blessés. Pendant ce temps-là, une autre colonne ennemie s'était portée à la caserne, croyant surprendre les grenadiers ; mais les premiers coups de fusils les avaient éveillés, et ils s'étaient mis sous les armes, n'ayant d'autre vêtement que leur chemise. Le sergent François Barbe, frère de celui qui avait été blessé à l'attaque du corps de garde, s'élança de la caserne, à la tête des grenadiers : il fut à l'instant blessé d'un coup de baïonnette dans le bas-ventre ; deux autres grenadiers furent également atteints. Mais ces braves gens, malgré leurs blessures, se précipitèrent, avec leurs camarades, sur l'ennemi et le mirent en déroute. Les Espagnols, repoussés, regagnèrent précipitamment la brèche par laquelle ils étaient entrés, après avoir éprouvé une perte considérable en tués et en blessés. L'adjudant sous-officier Jacquet, bloqué dans son logement, ne cessa de tirer sur l'ennemi, et lui fit beaucoup de mal. Le capitaine Brunet,

commandant les grenadiers du quatre-
vingt-sixième régiment , sauta de son
balcon dans la rue , pour aller se mettre à la tête de sa compagnie , et poursuivit l'ennemi au-delà de la ville. On
ne peut trop louer l'activité et la valeur des grenadiers , et le courage des
chefs, qui rendirent inutiles la surprise
et tous les efforts des Espagnols.

Le maréchal Suchet , commandant
l'armée d'Aragon , avait fait ses dispositions pour réunir de grandes forces sous Valence et ouvrir la tranchée.
Le capitaine du génie, Molina , commandant le fort espagnol de Péniscola,
voulant inquiéter la route de Valence,
fit une sortie , à la tête de quatre-
vingts hommes , et s'établit à la Ter
renova , pour être à portée d'enlever
les convois : le général Suchet fit attaquer ce poste , qui était assez fort ,
par deux cents hommes d'élite et deux
pièces de canon. Le 8 décembre , au
point du jour, la batterie établie battit

la tour avec le plus grand succès, et la résistance ne pouvait être longue, lorsque six canonnières sortirent de Péniscola pour donner du secours à l'ennemi, et accélérèrent sa perte. A la vue de ce secours, les grenadiers du cent quatorzième s'élancent avec la plus grande impétuosité vers la porte de la tour, couverte par un retranchement, et défendue par un feu meurtrier ; à travers une grêle de balles et de grenades, d'intrépides canonniers portent un baril de poudre et vont y mettre le feu. La tour et l'ennemi allaient sauter, lorsque le capitaine Molina fait cesser le feu de sa troupe, et se rend à discrétion. Les canonnières, arrivées trop tard, sont forcées par quelques boulets à reprendre le large. La tour sauta, au moyen de la poudre qui y fut trouvée, et elle fut entièrement rasée avant le milieu du jour.

Dans les batailles de Champ-Aubert et de Mont-Mirail, les grenadiers français soutinrent dignement la gloire de leur nom. Deux escadrons de la vieille-garde , la garde d'honneur et les cui-rassiers du premier corps, furent seuls engagés contre soixante-douze régi-mens formant l'élite des armées russe et prussienne ; cependant l'ennemi fut mis en pleine déroute , perdit plus de quinze mille hommes tués ou pris, six drapeaux , soixante pièces de canon , et deux cents voitures de bagages. Le général russe Alsuffievo , tous ses co-lonels et plus de cent officiers furent contraints de se rendre aux vain-queurs. Ces deux batailles eurent lieu les 9 et 11 février 1814. Napoléon y commandait en personne. Par cette double victoire , il croyait avoir sauvé Paris.

Arcis-sur-Aube forme la tête d'un défilé d'une demi-lieue , où des ponts servent seuls de passage à travers des marais et des bras de l'Aube : c'était la seule retraite qui restât à Napoléon én cas de revers ; il lui importait donc beaucoup de conserver cette position. Etant sous les murs de cette ville , le 20 mars 1814, il voit sa garde poursuivie par la cavalerie des coalisés. qui lui avait déjà pris trois pièces de canon. Napoléon, pour rallier les fuyards, leur crie : « *N'êtes vous pas les vainqueurs de Champ-Aubert et de Mont-Mirail?* »

Au même instant il tire l'épée et marche à la tête des escadrons. Il courut de grands dangers dans la mêlée ; un coup de lance que lui portait un cosaque fut paré par le colonel Girardin, son aide-de-camp. Mais cette attaque imprévue déconcerta l'ennemi, et bientôt les Bavarois et les cosaques furent en désordre. Cependant l'armée austro-russe, recevant continuellement des renforts, fit un grand ravage dans les bataillons français. Napoléon resta constamment exposé au feu le plus vif, et son cheval ayant été atteint d'un boulet, on murmura de ce qu'il s'exposait ainsi : « *Ne crai-*

gnez rien*, s'écria-t-il, *le boulet qui me tuera n'est point encore fondu.* »
Ce combat meurtrier dura jusqu'à la fin du jour, et malgré qu'il eût la supériorité du nombre, l'ennemi ne put faire abandonner à nos braves le champ de bataille.

Quand, le 30 mars 1814, deux cents mille guerriers de toutes les nations en attaquèrent quinze mille dans de faibles retranchemens élevés à la hâte pour défendre la première ville du monde, on vit parmi les assiégés des traits d'un courage remarquable. Bien que toute leur artillerie n'ait point été mise en batterie, et que, par une imprévoyance dont il serait difficile de justifier certains chefs, ils manquassent de munitions; ils soutinrent pendant douze heures les efforts de cette multitude d'assaillans à laquelle ils tuèrent vingt mille hommes. Beaucoup de grenadiers et de chasseurs parisiens ont rougi de leur sang le champ de bataille. Ces braves que la patrie honore, ont dans ce jour mémorable, transmis à leur postérité un héritage gloire.

Le dévoûment patriotique des élèves de l'école polytechnique fut sans bornes. Rivalisant avec la troupe de ligne, ils faisaient le service de l'artillerie sur la butte Chaumont, et firent preuve d'une intrépidité rare. Ayant épuisé toutes leurs cartouches, *plusieurs se couchèrent sur leurs pièces pour y attendre la mort, que devait inévitablement leur donner la mousqueterie des Russes.* D'autres défendirent leurs canons jusqu'à ce qu'un escadron de cuirassiers vint les soutenir et leur donner la facilité de les emmener.

Cent cinquante jeunes gens de l'école vétérinaire se firent tuer pour défendre le pont de Charenton, et *c'est sur le corps de ces nouveaux Spartiates, non moins braves, mais moins heu-*

reux que les soldats de Léonidas, que l'ennemi passa pour occuper la rive gauche de la Seine.

Mont-Martre fut attaqué par une colonne formidable, sous les ordres du général Langeron. Ce point qui n'était défendu que par la onzième légion, eut beaucoup à souffrir : Les citoyens de Paris n'y déshonorèrent pas le beau titre de grenadier. Cependant, malgré leur courage, comme ils manquaient de munitions, ils ne purent empêcher l'ennemi de s'élancer sur la montagne; alors le maréchal Moncey ordonna la retraite, et resta lui-même exposé au feu des tirailleurs jusqu'à ce que le dernier des gardes nationaux, qui abandonnèrent la cime du mont, fût rentré dans l'intérieur de la capitale.

Dans la journée, deux mille Prussiens et quatre pièces de canon avaient attaqué le pont de Neuilly défendu par cinquante grenadiers de la vieille-garde. Sommés de se rendre, ces braves, quoique presque tous estropiés, répondirent : *Que la vieille-garde, même en nombre inférieur, n'avait jamais mis bas les armes, et qu'ils conserveraient jusqu'au dernier soupir l'honneur du corps.* » Cette noble intrépidité en imposa à l'ennemi, et les vétérans de la gloire restèrent maîtres du pont.

Enfin une capitulation fut signée et les hostilités cessèrent. Le général prussien, York, avait dit, quelques jours auparavant, qu'avec dix obus il se rendrait maître de Paris ; cependant les alliés virent tomber au pied de ses hauteurs plus de *vingt mille* hommes de leurs meilleures troupes, et il n'est pas très-honorable pour eux de penser que ce n'est point à leur valeur ni au talent de leurs généraux qu'ils dûrent leurs succès, et que si l'on n'eût point paralysé, par mille moyens, l'ardeur des habitans de cette grande cité, la terre qui l'environne eût englouti jusqu'au dernier des barbares qui osèrent attaquer son indépendance.

La trop célèbre bataille de Mont-Saint-Jean ou de Waterloo paraissait gagnée par les Français, lorsque quelques bataillons de la jeune garde, assaillis par toute l'armée prussienne, que par une méprise inconcevable on avait prise pour le corps du généra Grouchy, se débandèrent.

Soudain, des cris que l'on pourrait attribuer à la malveillance, se firent entendre : « Tout est perdu, la garde est repoussée; sauve qui peut! » Ces cris répandent une terreur subite dans les premiers rangs; ces rangs se décomposent, tournent le dos à l'ennemi, poussent devant eux et rompent les troupes qui s'avancent pour les soutenir.

Wellington s'aperçoit de cette déroute inattendue, et s'étonne de voir fuir des vainqueurs : cependant, en général habile, il fait avancer toutes ses troupes, lâche se cavalerie dans la plaine, et foudroie, avec ses nombreuses batteries, la vieille-garde entière, et qui, dirigée par Napoléon lui-même, s'avançait au pas de charge, la baïonnette en avant, pour ressaisir la victoire. Les efforts de ces braves furent inutiles : parmi nos autres troupes, où la terreur panique s'est communiquée, tout est en désordre, cavalerie, infanterie, artillerie, tout reflue vers les premières positions ; tout se précipite à la fois à travers les caissons, les bagages, les pièces de canon brisées, et les monceaux de morts entassés pêle mêle avec les mourans.

La garde seule, toujours intrépide et calme, soutient encore, et le choc des fuyards qui ne peut l'ébranler, et les efforts de l'ennemi, qui ne peuvent l'effrayer, et la terrible mitraille qui emporte des rangs entiers de ses invincibles soldats. Elle s'avance toujours sans se déployer ni tirer un seul coup de fusil ; mais pourra-t-elle seule arrêter la marche de toute une armée qui se dirige contre elle ? Elle recule enfin, entraînée par la masse des Français qui fuient précipitamment ; elle recule, mais malgré elle, mais en or-

dre, et semble par sa retraite lente
et tranquille, regretter de n'avoir pas
péri tout entière avec le grand nombre de braves que la France a perdus
dans cette fatale journée.

L'ennemi pressait vivement les derrières des débris de notre armée, et
chassait devant lui tout ce qui se trouvait encore sur le champ de bataille.
C'est sur ce champ de bataille que
succombèrent les premiers soldats de
l'armée françrise, *ces vieux grenadiers
que la victoire avait couronnés du haut
des Pyramides.* Au milieu de la déroute
générale ils combattaient encore. Le
général anglais, qui ne peut s'empêcher d'admirer tant de courage, leur
fait proposer de se rendre : « LA GARDE
MEURT ET NE SE REND PAS, » s'écrie leur
intrépide chef Cambronne ; et peu
d'instans après, il tomba mortellement
blessé.

———

Pendant la retraite qui suivit la désastreuse bataille de Mont-Saint-Jean,

deux compagnies, ou du moins les débris de deux compagnies de la vieille garde, s'arrêtèrent sous les ordres d'un de leurs chefs près Soissons, dans un village écarté de la route, afin de pourvoir sans confusion à la nourriture du détachement. Le maire fut appelé et reçut l'ordre de faire les distributions accoutumées : en un moment tout le pain fut rassemblé, chacun des habitans en ayant donné sa part. Quant à la viande, le maire ordonna que celui qui devait fournir une vache pour la distribution, fût désigné par le sort.

Le sort tomba sur une pauvre femme vielle et infirme, qui se traîna appuyée sur son bâton, jusque devant le front du détachement, pour faire des représentations au maire : « Cette vache qu'on veut m'ôter, s'écria-t-elle dans son langage naïf, est tout mon avoir. Depuis long-temps, elle me connaît ; c'est en même temps ma richesse et ma compagnie. Si vous la tuez, il ne me reste plus qu'à mourir après elle. » Le maire resta inflexible, et déjà la

haché était levée sur le front de la victime ; lorsque les grenadiers compa-
tissans à la détresse de cette infortunée, s'écrient tous d'une voix : « Arrê-
tez, nous ne voulons point de viande. »
On rendit la vache à la vieille paysanne,
qui la reconduisit dans sa chaumière
en versant des pleurs de joie et de reconnaissance. Sa joie ne fut pas de
longue durée ; le surlendemain ces
bons alliés, qui venaient pour nous
rendre *la paix et le bonheur*, entrèrent dans le village, et la vache fut
sacrifiée.

———

Criblé de blessures, et prêt d'expirer sur le champ de bataille de Waterloo, un vieux grenadier de la garde
aperçoit à quelques pas de lui un drapeau français que celui qui le portait
n'avait abandonné qu'avec la vie. Notre
brave rassemble le peu de force qui lui
reste, se traîne péniblement sur le
ventre, arrive enfin ; il touche ce signe
sacré pour lui, le presse sur son cœur

et meurt satisfait, en offrant à la patrie son dernier soupir.

———

Un colonel de la garde, ayant perdu tout son régiment, remet à son ordonnance quelques papiers pour les porter à sa femme : « Fuis, dit-il, fuis : vas dire à celle que j'aime, que ma dernière pensée fut à elle ; mais que l'honneur n'a pas permis que je me séparasse de mes frères d'armes. » En achevant ces mots, il se brûle la cervelle au milieu des cadavres de son régiment.

———

Après la mort de la Tour-d'Auvergne, le brave Cambronne fut proclamé par les soldats *premier grenadier de France*. Il refusa, en disant que cette dénomination pouvait, en raison de leur valeur, convenir également à tous les guerriers français. Ce refus était aussi honorable pour lui que le titre glorieux dont on voulait le décorer, puisqu'en prouvant sa modestie, il lui procurait l'occasion de rendre un éclatant hommage à la valeur française. Sa conduite, qui jamais ne s'est démentie, a prouvé de nouveau, à la bataille de Mont-Saint-Jean, combien il était digne de ce beau titre. Cependant des ennemis de la gloire nationale, des hommes de mauvaise foi ont osé dire qu'il n'avait pu articuler *ce cri immortel qui retentira dans l'immensité des siècles;* et la preuve qu'ils en donnent, c'est *qu'il n'est point mort et qu'il s'est rendu.* Ils feignent d'oublier que Cambronne, grièvement blessé, était tombé sans connaissance; que ses compagnons d'armes, qui le croyaient mort, forcés de s'éloigner de lui, enlevèrent son épée, pour qu'elle ne devînt pas un trophée des vainqueurs; qu'enfin il ne revint de son évanouissement que lorsque les Anglais le relevèrent tout sanglant du champ de bataille.

En vain pour flétrir la vaillance,
La haine s'attache à ses pas :

CAMBRONNE , dit la malveillance ,
Se rendit , et ne mourut pas.
D'une imposture aussi grossière
L'auteur est bientôt confondu :
Mourant, couché sur la poussière,
Un brave est pris...... s'est il rendu ?

P. C.

FIN

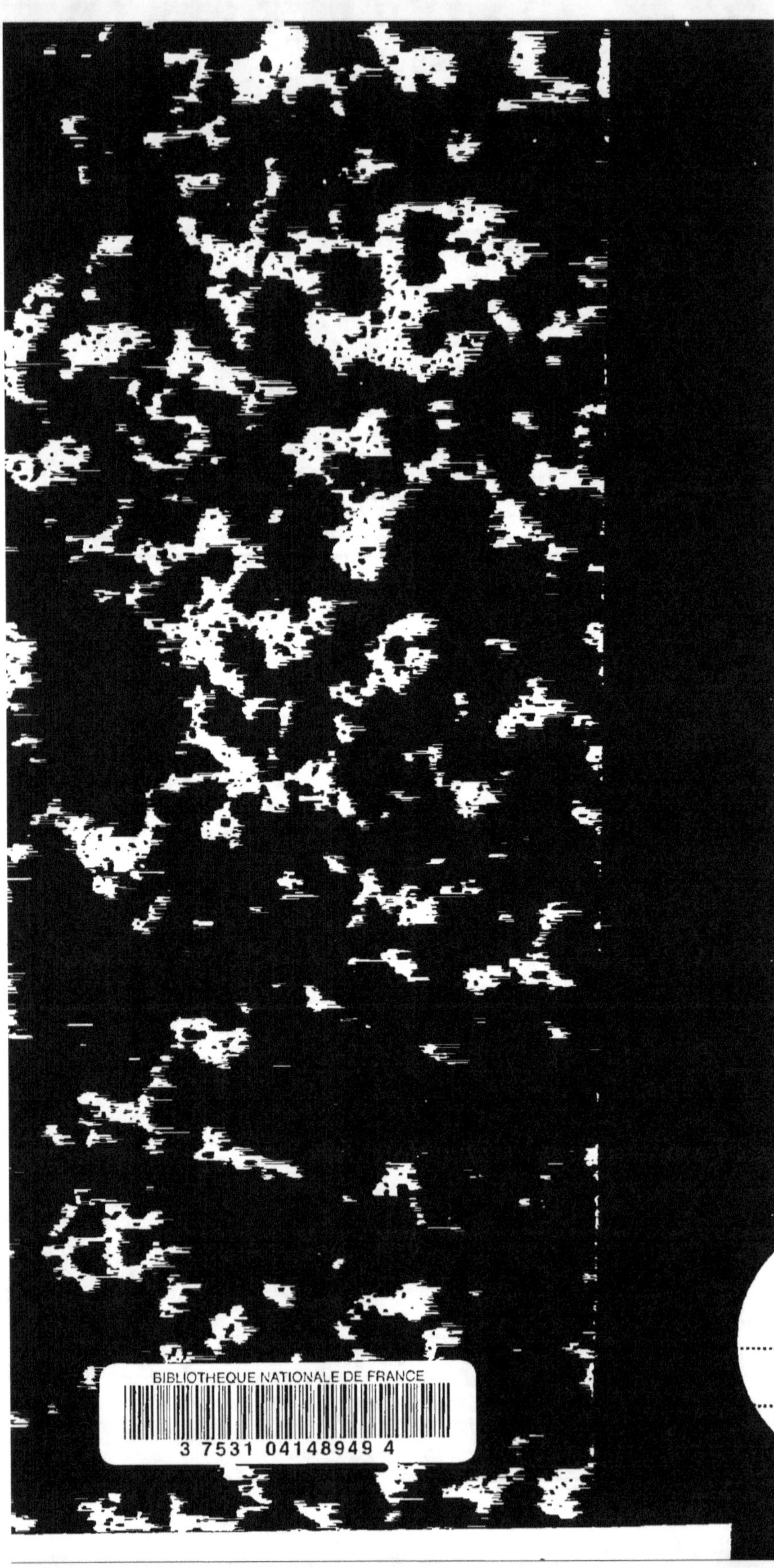